教師をやめる

14人の語りから見える学校のリアル

前屋 毅

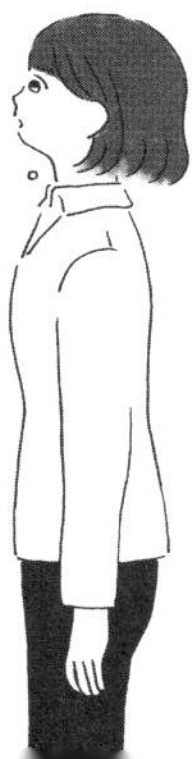

まえがき

最初に、そして強く言っておかなければならないことがあります。この本で言いたいことは「教員を辞めたほうがいいよ」とか「教職なんて目指すのは止めたほうがいい」といったことでは絶対にない、ということです。言いたいのは、まるで逆のことです。

教員ではない人たち、一般企業に勤めている人たちと「教員の多忙」を話題にしたことが何度もありました。休み時間も雑用に追われてトイレに行くのもままならないし、授業が終わったからといって仕事が終了するわけではなく、帰るのも遅く、家族と一緒に食事もできない、みたいだよ。そんな話をすると、「そんなの普通じゃないの」という反応が戻ってくることが珍しくありませんでした。「私のほうが忙しいよ」と、「忙し自慢」をする人も少なくないし、「どうせ子ども相手なんだから楽でしょう」と決めつける人もいました。

教員はどうでしょうか。「こんなに忙しい」とか「こんな仕事まで自分がやる必要があるとは思えない」という話は、本当によく聞きました。そのとき、「校長に『これは自分の仕事ではない』と言わないんですか」と質問するのだけど、反応は渋い。「そんなこと言えるわけがない」だったり、「自分だけが言ってみたところで変わるわけがない」といった反応です。「変えていきます」という積極的な発言には、ほとんどつながっていきません。不満は口にするけれど自分から積極的に変えようとしないのは、世の中の多くのビジネスマンと同じかもしれません。

なぜなのか。教員でない人にとっては、教員の忙しさは「他人事」でしかないからなのかもしれません。教員にしても、「変えるのは自分の役割ではない」と、ある意味で「他人事」にしているのではないかと思えてしまいます。しかし学校現場、教員の働き方を変えないことで、一番の被害を被るのは子どもたちではないかと考えるのです。

忙しすぎて子どもに向き合う時間がじゅうぶんにない教員と、子どもたちは日々、向かい合っています。「かまってくれない大人」と多くの時間を過ごしているのです。子どもたちの目には、「自分のことを本気で考えてくれていない大人」と映っているかもしれません。

それが学校現場、教育の現場なのです。これでいいわけがありません。これだけでも、教員の多忙を解消する働き方改革を急がなければならない理由になると思います。学校を変えていかなければならない。

ただし、漫然と待っていても働き方改革は実現しません。文部科学省や教育委員会が考えてくれるだろう、と待っているだけではダメなのです。文科省や教育委員会を動かすのは教員であり、保護者であり、世間です。教員の働き方改革を推し進めて、本当の意味で子どもたちの学校と教育にしていくのは、すべての大人の役割です。他人事にしておける問題ではないはずです。にもかかわらず、他人事になってしまっているのが現実なのです。何故なのか。それをずっと考えていました。いろいろ考えてみて、「学校現場、教員の働き方が分かっていないから」という答に行き着いたのです。

「自分たちのほうが忙しい」と言ってしまう人たちは、教員の現実を知ることが面倒だから、もしくは「教員より自分たちが上」との意識が強いから、流行りの言い方でいえば「マウントをとりたい」から分かろうとしない。教員はといえば、「正面から文句を言えば面倒くさい」ことになるという意識が強すぎて、かかわらないようにしている。学校のことが話題になっても、「外から言われたくない」と防御の意識ばかりが強くなってしまう。それが、いつのまにか現実から目をそらすことになっているのかもしれません。

これが、教員の働き方が話題には上るものの、いつまでも不完全燃焼のままになっている根っこにあるのではないでしょうか。ここを変えていかないと、教員の働き方を変えて、子どもたちのための学校、教育にしていくことはできない。

変えるには、学校現場の現実を知ることが必要だと思いました。とはいえ、現役の教員は学校の辛い現実はなかなか口にしにくいのです。話したことがバレると困ったことになる、という気持ちが強いからです。そこで、「教員を辞めた人たち」の「辞めた理由」を聞いてみることにしました。現役よりは話しやすい立場にあるからです。なにより、「辞めた理由」のなかにこそ学校の現実があります。「辞めざるを得なかった理由」だからです。もちろん、それが学校の現実のすべてではありません。しかし、現実の一面であることはまちがいないことです。

教員も教員でない方も、そして教員を目指している方も、その声に向き合い、学校の現実を考えてもらいたいと思っています。そこから学校が見えてくるし、「どうしなければならないか」も見えてくるはずです。

本書を書くにあたって、お話を聞かせていただいた方々には感謝しかありません。筆者の都合から、仮名にし、敬称を略させていただいたことにご理解いただければ幸いです。登場していただいた元教員のほかにも、多くの元教員、現役の教員の方々にもご協力いただきました。ありがとうございました。

本書の企画から出版まで、学事出版の二井豪さんには大変お世話になりました。この場を借りてお礼を申し上げます。

前屋　毅

教師をやめる
14人の語りから見える学校のリアル

プロローグ――「教師をやめた」人たちから見える学校の現実

文科省の誤算だったのか、「#教師のバトン」

文部科学省（文科省）は、教員の怒りの火に油を注いでしまったのかもしれない。

文科省がツイッターで「#教師のバトン」なるプロジェクトを始めたのは、２０２１年3月26日のことだった。同省のホームページでは、そのねらいを「令和の日本型学校教育を実現していくため、時代の変化に応じた質の高い教師を確保するためには、より一層の働き方改革の推進や処遇の在り方の検討を進めることに加え、教職を目指す学生や社会人の方に、現職の教師が前向きに取り組んでいる姿を知ってもらうことが重要です」と説明している。

つまり、「現職の教師が前向きに取り組んでいる姿を知ってもらう」ことで「質の高い教師を確保しよう」ということらしい。現役教員からの発信は説得力があるだろうし、それがきっかけで教員を目指す若い人が増えることを期待している。

プロローグ

２０２１年2月2日に文科省が公表した調査結果によれば、２０２０年度の公立学校教員採用選考試験の受験者総数は、13万８０４２人となっている。これは、前年度よりも1万４２３人も減っている数字である。この年が特別ではなく、受験者数はずっと減少傾向にある。数字が、学生にとって教職が魅力のあるものではなくなっていることを示している。

この現実に教員自身も喜んでいるはずがない。自分の仕事に若い人が憧れ、後を追いかけてくれるのを望んでいるはずである。教員希望者が減りつづけている現状を、多くの教員は残念に思っているにちがいない。

文科省や各教育委員会も、この事態に手をこまねいてきたわけではない。「子どもたちの成長に携わる重要な仕事だ」と必死で「やりがい」をアピールして、教員希望者を増やそうとしてきている。「#教師のバトン」も、そうした「教員のやりがい」をアピールする一環だったといえる。「ＳＮＳを使えば若い先生たちにも届きやすい」と考えたのかもしれない。

ところが蓋を開けてみると、そうした文科省の思惑とは逆の事態になってしまった。「妊娠して休むことを校長に責められている」や「残業代が出ません」などなど、学校のブラックぶりを暴露したり批判する投稿ばかりが目立つことになってしまったのだ。こうしたつぶやきが相次いだことに、文科省は戸惑ったはずである。

戸惑ったのは文科省だけでなく、教員も同じだったはずである。悪いことばかり投稿していると教員志望者を減らしてしまうと、本気で心配する教員も少なくないようだ。「これではネガティブ・キャンペーンになってしまう」と、ネガティブさがエスカレートしていくことを危惧する投稿もあった。言うまでもなく、それらも学校を良くしていこうという思いからである。

大事なことは、不満や批判だけで終わってしまわないことではないだろうか。ネガティブと思える投稿をする人たちを批判するだけで終わらせないことである。そんなところで対立する必要はない。学校を、教育を、良くしていこうという気持ちは同じはずだからだ。

教員の多忙は社会問題といっていいほど大きな話題になっていて、学校がブラック化しているのは残念ながら隠しようがない。教員の不満が大きくなってきていることは、ひとつの事実である。事実は事実として認めて、いまは前に進まなければいけないときにきている。

もの言わぬ教員からもの言う教員へ

「#教師のバトン」に教員の不満や批判が一気に集まってしまったのは、教員の意識が変わってきたからかもしれない。

学校教育の世界では管理体制が徹底されてきている。校則をはじめとして学校では「してはいけない」「しなければならない」のオンパレードで、そうした管理体制の影響は生徒だけでなく、教員にも及んでいる。校長の言うことは絶対だったり、1人だけ違ったことをやれば責められるなど強烈である。本書で取材をさせていただいた、教員を辞めた方々の話を読んでいただければ、それをヒシヒシと感じてもらえると思う。

学校という職場で不満があっても「とても自分から言えない」という教員が多いのも、管理強化の影響といえる。管理が強まるなかで「もの言わぬ教員」になってきた。不満があっても、それを表に出すことがはばかられる、そんな雰囲気があったことは事実である。

そんな教員にとって、「#教師のバトン」は願ってもない場だったのではないだろうか。匿名で投稿できるツイッターということもあってか、教員の気持ちは動いた。「もの言わぬ教員」が「もの言う教員」になったのだ。これは「教員の変化」ととらえるべきではないだろうか。ものを言わざるを得ないところまで教員は追い詰められている、ともいえる。それを、文科省も理解していないわけではない。ただ管理するだけというイメージが先行している文科省だが、最近では若手官僚を中心に、教員との対話を重視する動きも始まっている。

3月30日になって萩生田光一文科相も、「#教師のバトン」に触れて発言している。閣議後の記者会見で、「今回、投稿いただいた多くの先生方の想いをしっかり受け止めて、働き方改革を前に進めてまいりたい」と述べたのだ。投稿された教員たちの不満や批判を受け止めて、働き方改革を強力に推し進めていく決意を表明したことになる。教員の声を軽んじてはならないと、再認識したのかもしれない。

ただ、そこまでで発言を終えていればよかったのかもしれないが、ついつい口が滑ってしまったらしい。続けて彼は、「願わくは学校の先生ですから、もう少し品のいい書き方をしてほしいなというのが私個人としてはございます」と言ってしまった。表現だけでなく、投稿の内容そのものを「下品」と言っているように受けとった教員もいた。「文科省が下品なことをやっておきながら、下品とはなんだ」といった投稿が「#教師のバトン」には相次いでしまった。萩生田文科省の発言から、「文句を言うとはけしからん」という意味に受けとってしまったのかもしれない。

ここも、お互い冷静になったほうがいいのかもしれない。そうでなければ、ただ対立を招くしかなくなる。対立からは何も生まれてはこない。

「炎上」とマスコミに報道された後、萩生田文科相はあるインタビューに応えて次のように語っている。

「現場の苦労を吐露される方もいらっしゃるだろうと想定していました。たしかに賛否がありますが、真摯に現場の声に耳を傾けていきたいと思っています」

さらに、教職が負担の大きな職業になっていることを認めたうえで、「これからも魅力ある職業にブラッシュアップしていきたい」とも語っている。萩生田文科相の任期中にどれだけのことができるかわからないが、「#教師のバトン」への教員のネガティブな投稿も無視しない姿勢だけは明言したことになる。教員の投稿の力だ。

「#教師のバトン」はネガティブ面が目立ってしまったけれども、「もの言わぬ教員」が「もの言う教員」に変わるきっかけにはなったのではないだろうか。その変化が、これから学校現場を変えていくことにもつながっていくかもしれない。そうなれば、文科省が「#教師のバトン」を始めた意味はある。

心の病が学校を蝕んでいる

「#教師のバトン」に教員からの不満や批判が多く集まったのは、それだけ学校現場、教育の現場がたいへんなことになっているからである。

文科省の「令和元年度公立学校教職員の人事行政状況調査」によれば、2019年度の精神疾患、つまり「心の病」での病気休職者は5478人であり、前年から266人増えている。在職者数に占める割合は0・59%で、2009年度に次いで過去2番目に多い結果になっている。これを多いとするか少ないとするかは見方の問題かもしれないが、心の病で休職する教員は確実に増えている。

これを年代別に見てみれば、在職者に占める割合では30代が０・76％で最も多い。40代でも０・67％である。働き盛りにもかかわらず、少なからぬ教員が心の病で休職している。経験年数としては浅いはずの20代でも０・59％である。

ちなみに、「病気」での休職者を見てみると、全体で８１５７人となっている。そのうちの５４７８人が心の病での休職なのだから、これは「ただならぬ状況」と言わざるを得ないのではないだろうか。

しかも、あくまで「休職」した人数と割合である。心の病を抱えながら休職せずに働きつづけている人もいる、ということだ。心の病を抱えた少なくない数の教員が、学校で子どもたちと接していると想像できる。

さらに、心の病が原因で退職した教員の数は、文科省の調査では把握されていない。一般企業でもそうだが、本当の理由を具体的に示して退職する例は少ない。大半が「一身上の都合」とかになるし、されてしまう。教員の場合も同じことで、「パワーハラスメントが酷いので辞めます」とか「職員室でイジメられているので辞めます」といった理由を辞表に書くケースはない。

しかし、本文を読んでいただければ分かることなのだが、心の病が原因で退職するケースは少なくない。病院で診断されなくても、「このままでは壊れてしまう」と決断する例も珍しくない。今後、文科省の調査では、退職の理由も明らかにしていってほしい。

いずれにしろ、今の学校環境は、教員にとって働きやすいものとはいえないようなのだ。そのなかで多くの教員がストレスを抱えて仕事をしている。ストレスを抱えたままで、子どもたちと日々、接していることになる。

それを放っておいてもいいのだろうか。「自分だってストレスいっぱいの職場で働いているんだから」を理由にして無関心でいられるのだろうか。「自分だけが言ってみても、どうにもならない」と諦めてしまっていてもいいのだろうか。そのツケは、全部、子どもたちにのしかかってしまっている。

教員を本当に憧れの職業にするために

本書に登場いただいた「辞めた教員」の誰もが、教員という職業に憧れ、理想に燃えて教職に就いた。しかし、彼ら、彼女らは教職を離れた。子どもたちが嫌になったわけでも、教員という仕事そのものが嫌いになったわけでもない。それでも教員を辞めざるを得なかった。「辞めさせられた」といったほうがいいかもしれない、と話を聞いていて思った。

ただし、「辞めさせた」のは校長や管理職、同僚ではなく、彼らも含めた「働く環境」である。子どもと向き合うこと以外の仕事での多忙、尋常ではないパワハラ、それにイジメ、さらには理不尽な保護者への対応、そうした諸々が彼ら、彼女らを教職から追いやった。子どもたちと向き合うことこそ教員の本業であるはずなのに、その本業に真剣に向き合う時間も気力も奪われ、情熱と理想を粉々に砕かれてしまったのだ。

第一生命保険が、子どもたちに憧れの職業を訊いた調査結果を2021年3月17日に公表している。全国3000人の小学生から高校生に、「大人になったらなりたいもの」を聞いた結果である。

それによれば、教員が小学生から高校生まで、憧れの職業トップ10に入っている。高校生では女子で4位、男子では5位である。教員になりたいという高校生が多いのだ。

もっとも、そこには「安定している」という理由があるのかもしれない。高校生になれば職業選びも現実的になるし、進学を真剣に考えるうえでは「安定志向」になってしまうのも頷ける。企業間の競争がエスカレートするなかで、せっかく就職したとしても、いつ「肩たたき」されるか分かったものではないし、就職した企業そのものが消えてしまうことも大いにありうる世の中でもある。

そうしたなかでは、どうしても安定志向になってしまう。実際、高校生の女子の憧れの職業第2位は公務員だし、男子でも3位である。もう、安定志向がミエミエだ。公立学校の教員は公務員なので、安定志向の延長線上に教員が位置づけられてもおかしくはない。

ただ、みんながみんな、安定志向だけで教員を志望しているわけではないだろう。前述のように、辞めた教員たちも憧れと理想に燃えて教員になっている。本気で教員という仕事に取り組む気構えで教員になっている。教員を目指すのは、ただ安定志向からばかりではない。

その憧れと燃える理想を実現するには、そのための環境が必要である。本業に専念できる環境が必要である。酷い環境では、憧れも理想も打ち砕かれてしまう。そんな環境のままでは、せっかく小中高生のころから憧れと理想をもって教職に就いたにもかかわらず、力尽きて辞めていってしまうことになる。それが続けば、子どもたちの憧れの職業リストから教員という仕事そのものが消えてしまうにちがいない。

教員を取り巻く学校の環境は、見直されなければならないところにきている。手遅れになる前に、一刻も早く改善していく必要がある。

もちろん、他人事で済ませておいてはいけない。他人まかせでは何も変わっていかない。子どもたちのために、学校を、学校で働く人たちの環境をどうしていけばいいのか、その課題と真摯に向き合うことは、筆者も含めすべての大人の責任であるし、教育は大人にとって「自分事」でしかない。教員にとっては知っているつもりの現状でも、改めて振り返ってみることが必要なのかもしれない。そして教員でない人は、まずは学校の実情を知ることから始めてみてはいかがだろうか。

1

悪いのは私だけ？

山下ゆかり（仮名）20代女性

半年で6キロ、体重が落ちた

「付箋の束に、ひたすら『死にたい』って書くなのが止まらなくなっていました。そういえば、あの付箋の束を職員室の自分の机の引き出しに残したままでした。あの机を次に使った先生は、引き出しを開けてみてビックリしたかもしれませんね」

と言って笑ったのは、山下ゆかり。彼女は大学卒業後に中学の英語教員として赴任し、1年後の2019年の3月いっぱいで退職している。

「10月から病休（病気休暇）をとっていたので、実質的に教員として働いたのは半年もなかったことになりますね」

と、山下。いったい何が、短期間に彼女を追い詰めてしまったのだろうか。赴任した彼女がまず驚いたのは、教員が遅くまで残業していたことだった。

「夜の10時を過ぎても、半分くらいの先生たちが残っているんです。『これが普通なのか』と、ビックリしましたね。子育てとかある人は、仕事を持ち帰っていました。

もっとビックリしたのは、そんな生活をしているためなのか、見るからに先生たちが病んでいる。『死にたい』と呟きながら歩いている先生もいました。怖かったです」

驚いているだけではすまなかった。そんな生活が、彼女にとっても「普通」のものとなるからだ。学校を出るのは、10時どころの話ではなかった。

「警備システムの関係で夜中の0時に学校全体が施錠されてしまうんですが、その直前まで毎日残業していました。その時間まで残っている人が3～4人いて、『12時だ、急げ～』という調子で帰る毎日でした」

遅くまで残る教員のためにと、給食で余りが出ると職員室に保管してあった。それを、夕食に食べる。「1日に2回、同じ献立を食べていたことになります」と、山下は笑った。給食が残っていない日もある。

「そんなときのために、職員室の冷蔵庫に自分用の納豆と冷凍ご飯をストックしていました。そんな食生活だから、体重も減ります。病休に入るころには、6キロほど痩せていました」

もともと痩せ気味の彼女なので、体重が6キロも減るのは大変なことである。残業は放課後だけではない。朝は6時には出勤していたという。土日もどちらか休むことがあっても、基本的には出勤で、朝7時から夜8時ごろまで働いた。トータルすると異常な残業時間になっていた。

「厚生労働省の定めた過労死ラインが月80時間の残業時間だと聞いて、『そんなの余裕じゃない』って思いました。私の場合、残業時間は月200時間を超えていましたからね。夏休み期間中はさすがに減りましたけど、授業があるときは4月からずっと200時間でした」

そこまで残業が続くと、当然ながら睡眠時間は削られていく。彼女の場合、1日の睡眠時間は3〜4時間の日々だったという。それで身体が正常でいられるわけがない。

「クルマで通勤していたんですが、信号で停まっているときに、ハッとして起きるなんてしょっちゅうでした。信号待ちで寝ちゃってたんですね。

ひどいときには、学校に着いてクルマのドアを開けたら、そのまま意識を失ってたこともありました。起きたら、ドアに手をかけた姿勢のままでした」

そんな勤務状態に、彼女は疑問をもたなかったのだろうか。疑問を感じて、改善していくことをしなかったのだろうか。

「当時は、それが普通だと思っていたんですね。私だけじゃなくて、周りがみんなそうでしたから、疑問に思わないんです。職員室の隣の席の先生が、机に突っ伏して大いびきで寝てることもありました。いま思えば、それは彼からのSOS信号だったのかもしれませんが、それに心くばりするだけの余裕はありませんでした。

先輩教員に『私が若いころは、もっと働いていたよ』と言われてしまえば、文句も言えない。ぐうの音も出ないんです」

とはいえ、そんな生活を続けていては平気でいられるわけがない。ようやく、山下も自分の体調の異変に気づく。

「6月末くらいでした。3時間睡眠でも眠くないし、それどころか精神的に常にハイな状態でした。そのくせ、お腹が痛いのが続く。直接の原因があったわけでもないのに、気がつくと涙が止まらなくなっている。仕事しながら涙を流しているのに気づいて、『どうしたんだろう』と思うのはしょっちゅうでした」

気がつくと死ぬ場所を無意識に検索していた

「『死にたい』と考えるようになったのも、そのころからだったと思います。無意識に、飛び降り自殺できそうな場所をスマホで検索している」

そんな状態にあることを知人に打ち明けたのは、7月も後半になってからのことだった。その知人から、病院に行くことを強く勧められた。そこで心療内科を受診したところ、適応障害の診断が下された。

「自分では病院に行くほど悪いと思っていなかったんですよ。ちょっと疲れているかな、くらいの感覚でした」

医師からの診断書を副校長に提出したら、「病気になっちゃったか。それで休むの？」と訊かれたが、「休みません」と答えた。それに対して副校長は「ああ、よかった」と返したという。校長も廊下ですれちがったときに、「聞いたよ。大変だね」と声をかけてきただけだった。彼女への学校としての支援や配慮は、いっさいなかったという。

それにしても、月200時間の残業は常軌を逸している。しかし彼女の勤務状況を聞いてみると、そこまでやっていたら、そんな残業時間になってしまうのも無理はない、と思わざるを得なかった。

新任だった彼女だが、中学1年生のクラスの担任となった。それこそ右も左もわからないのが新任だが、同じ学年で5人いた担任のうち、3人までが担任は初めてという状態だった。頼れるのは2人の経験者ということになるが、うまく指導してもらえたわけではなかっという。

「担任の経験者である学年主任に、いろいろ訊きました。それが、うるさく思われたかもしれません。その先生も介護と育児と両方を抱えていて常にイライラしていて、時間的にも気持ち的にも指導する余裕がなかったのかもしれません。『見て盗むのよ』と言われて、訊きづらくなってしまいました」

そうなると、手探りでやるしかなくなる。学級運営のために生徒との日記の交換をやりはじめたが、一人ひとりの日記に目を通して返事を書き、その日のうちに戻すとなると、全部の休み時間を費やさなければならないし、それでも足りないくらいだった。

「実は、『係り活動』なるものがあるのを知ったのも赴任してからのことだったんです。私は中高一貫の私立で過ごしたので、そんなものがあるなんて知らなかったんです。たとえば給食係は、係の人を決めて『よろしく』じゃ済まない。細かく仕事を決めるなど担任が枠組みをつくらないと動けない。特に1年生は初めての中学生活なので、手厚くやらないと回っていかない。それを知らなかったから、問題が起きてから対処するといったぐあいでしたから、時間もなくなるし、精神的にも疲れました」

子どもたちへの対応だけではなかった。経験のない新任ということで、保護者にも不安をもたれているのを感じていた。

「だから、保護者にもこまめに電話しました。子どものことで注意するとか、そういうことではありません。逆に、『こういういいことがありましたよ』といった報告をするんです。その電話だけでも、毎日、夜の7時過ぎにはなってしまっていました。それから、授業準備とか、テストの採点をしたりすると、あっという間に夜中の12時になるし、それでも足りない状態でした」

テストの採点というのが、これまた曲者だった。山下は英語が専門教科だったが、1年生の英語を2人が担任していた。もう1人はベテラン教員で、教科主任を務めていた。

「その主任が熱心なのかどうか、副教材の問題集を3つも4つも選んできたんです。私は初任なので、その全部をやらせなきゃいけないと思っていたので、やらせました。問題をやらせて採点も自分たちでやらせる方法もあるんでしょうけど、当時は知らなかった。高学年なら、それもできるでしょうけど、1年生は無理だろうと考えていたこともあります。だから、私が全部を採点するしかない」

かなりの量で、それだけでも、かなりの時間をとられることになる。しかも、採点して返せばそれで終わり、とはならない。まだ続きがある。

「理解が遅れている子がいれば気になるので、放課後に個別指導のようなことをやっていました。おかげで、私の英語の授業は高い評価を受けていましたけどね。それは、やっていて楽しかった。

でも、個別指導するにしても準備をしなければならないし、それでまた時間をとられることになります。いくらやっても切りがない状態でした」

しかも、この話にはあきれるくらいの「落ち」がついていた。教科主任の決めたことだからと真面目に取り組んでいたのだが、あまりにも負担が大きくなってしまった。そこで、「やることが多すぎます」と教科主任に相談したのだ。2学期になってからのことである。

「そうしたら、『あれを全部やってたの?』って軽く言われたんです。その教科主任は、自分で選んでおきながら、自分が担当するクラスにはやらせていない。私が遅くまで残業しているのも知っていたはずなのに、私が相談するまで何も言ってくれなかった」

大変だったのは、仕事の量だけではない。精神的にも疲れ果ててしまうようなことが、多々あったという。

生徒からイジメのターゲットに

９月には合唱コンクールと体育祭という重要な学校行事があったのだが、そのスケジュールがきちんと伝えられない。流れを理解しているベテラン教員たちは当然のように進めていくが、新任では何をしていいのかわからない状態だった。

「合唱コンクールの曲を決めて音楽担任に提出しなければならない日に、その日が締切日だって知ったくらいです。教えてもらっていなかったんです。もう、泣いて、締切を伸ばしてもらいました。

それにしても不思議だったのは、そのベテラン教員たちが、いつ曲選びをやっていたのか、ということでした」

それは、すぐ分かった。山下が赴任した翌年度（２０１９年度）から「特別の教科　道徳」が正式に開始されることになっていたが、それを前にして試験的な試みが始まっていた。その担当になったのが、彼女だった。

「がんばって指導案をつくって各クラス担任に配って、それにしたがって道徳の授業が進められていると信じていたんです。

ところが、ベテラン教員たちは、その道徳の時間に道徳をやらず、曲選びをやらせたんです。それだけじゃなくて、合唱コンクールや体育祭に向けて雰囲気を盛り上げるための教室掲示の時間に当てたりもしていたんです。曲を決めるのは子どもたちには大事なことで、それを私は休み時間だけでやらせようとしていました。子どもたちは不満だったろうと思います。

にもかかわらず、締切の日だけでなく、道徳の時間を使っていいなんて、なぜ教えてくれなかったのかと思いました。ショックでしたね」

そういうことが続いていくと、担任をしているクラスの運営そのものがうまくいくはずもない。

クラスのなかで、山下に対して反抗的な態度と行動をとる子が出てきた。

「私自身が不安でいっぱいだったし、バタバタと落ち着かない。それが、子どもたちに伝わったのかもしれません。

直接のきっかけは、クラスでイジメられている子がいて、その子を私がかばったことでした。イジメられている子がいれば、普通、担任としてかばいますよね。副校長からは、『イジメられている子を絶対に不登校にするな』と厳命されていたので、なおさら必死でした」

そうしたら、山下がイジメのターゲットにされた。彼女に給食が運ばれてこなかったり、面と向かって「死ね」とか「消えろ」と言う子まで出てきた。学級崩壊の様相である。

「そういう直接的なことをやってくるのは、もちろんクラスの数人です。クラスの半数以上がニュートラルなんですが、そのニュートラルが沈黙しはじめると、数人の子がエスカレートしていく。その沈黙が辛かったですね」

クラスにイジメられる子がいて、それをかばって担任がターゲットにされている状況は、学年主任も承知していたらしい。かといって、アドバイスしてくれるとか、支援してくれるとかは、いっさいなかった。

「誰も助けてくれません。学年主任もですが、同僚も見て見ぬ振りです。こちらから助けを求めるなんて、とてもとても、そんな雰囲気ではありませんでした。

学級崩壊状態になって副校長に呼ばれて、『君の指導不足だよね』って言われました。かといって、支援策を示してくれるわけではありません。

クラスの問題は担任の責任、という認識だったんだと思います。私にしても、こんな状態になっているのは、ぜんぶ自分の責任だと思っていましたからね。担任が1人だと、クラスの問題全部を負わなければいけない。そういうリスクがあります」

彼女は「子どもたちには迷惑をかけてしまいました」と、ポツリと言った。クラスはそんな状態で、さまざまな問題もあったけれど、なんとか乗り切って最大の学校行事だった合唱コンクールも体育祭も乗り切った。「結果は最悪でしたけどね」と、彼女は寂しげな表情で言った。

「明日から子どもたちと顔を合わせる」と思うと涙が

ともかく一段落ついたのだが、問題が起きたのは、何回目かの初任者研修のあった日のことだった。校外での研修だったため、子どもたちと顔を合わせることはなかった。

「研修を終えて家に帰って、『また明日から子どもたちと顔を合わせる』と考えたら、涙が止まらなくなってしまったんです。そのなかで、『もう学校には行けない』という確信が生まれた。それで、校長に『行けません』って電話で連絡したんです」

そして、彼女は病休に入ることになる。休みに入ったのは10月半ばだったが、12月になって教育委員会から「これ以上休んだら辞めてもらうよ」との連絡があった。知人に相談すると、初任でももっと病休がとれるはずだと言われ、交渉して延ばすことができた。結局は翌年の3月まで休むことになるのだが、それでも体調が回復するわけではなかった。

新学期からの復帰を学校からは求められていたし、山下本人にしても復帰するつもりだった。そのためには、書類に勤務再開を認める主治医のサインが必要だった。それをもらうために、主治医を訪ねる前日のことだった。

「覚醒してしまって、どうしても眠れない。眠れないままに、なぜなのか分からないんですが、棚を作りはじめて完成させちゃったんです。木工なんて趣味でもなんでもないのに、徹夜して作っちゃったんです。朝になって、なんで棚なんか作ったんだろう、って自分でも信じられなかった」

「死にたい」を残したまま辞職

主治医のところに行き、棚を作った話をしたら、「それは、やばいんじゃないかな」と言われた。それでもサインをもらい、学校に届けるためにクルマに乗って道路を走り出したとたん、涙が止まらなくなってしまった。どうしていいかわからないまま知人に電話をしたら、「とりあえず近くのコンビニでもなんでも、駐車場のあるところにクルマを停めろ」と指示され。なんとか、クルマを停めた。

「そのとき知人に、『無理しなくていいよ。泣いているということは続けたくないってことだよ』と言われて、それで辞める決心がつきましたね。すぐに校長に『書類は用意したけど、辞めます』と連絡したんです。

校長は『なんで？　すぐ行くから待ってろ』と言って、来てくれました。校長が来たときにも涙は止まらない状態でした。それに校長は、『泣いていたら周りから誤解されるじゃないか。とりあえず書類だけもらっていくよ。とにかく復帰の手続きだけは進めておくから』とだけ言って、さっさと帰っていきました」

山下は、それから学校へ足を運んだことはない。だから、机の引き出しに「死にたい」と書き綴った付箋のブロックが残されたままになったのだ。

「病休に入ってからも、学級運営がうまくいかなかったのも、自分が体調を崩してしまったのも、全部、自分の責任だと思いつづけていました。

でも、あの学校を辞めてから1年と少し経ったいま、『自分の責任だけなんだろうか。違うんじゃないか』と考えるようになってきました。

初任でいきなり担任ではなくて、副担任くらいで学校の状況をゆっくり知ることができる立場だったら、教員を辞めることはなかったかもしれないと考えています。日本中の学校が私のいた学校と同じではなくて、あそこは特別だったんじゃないか。そうなら、赴任先があの学校でなかったら、いまも教員を続けていたのかもしれないな、と考えたりもします」

彼女の問いは続いている。

2 「やったもん負け」の学校文化に疲れ果て……

大橋 健一（仮名）30代男性

辞めて4ヶ月、また教員に戻りたい

「いまのほうが、うまく指導できる気がしています。だから、また教員に戻ってみてもいいかな」

と言って笑ったのは、大橋健一だった。それを聞いて驚いたのは、彼にインタビューしたのが、彼が教員を辞めてまだ4ヶ月足らずでしかなかった時期だったからである。

「教員を辞めて学校の外に目を向けてみると、政治や経済もふくめて社会のことが、とても新鮮に思えたんです。教科書に載っていることだけでなく、子どもたちに教えるべきこと、教えたほうがいいことが、実は世の中にはたんまりあることに気づいたんです。そういうことを伝えていけば子どもたちも興味をもつし、学ぶことが楽しいはずです。そういうことを教えられる状況になれば、また教員に戻るかもしれません」

彼が大学で専攻したのは数学だった。そして、中学の数学の教員になった。しかし、大学を卒業してすぐに教員になったわけではない。彼が教員になるまでには、大学を卒業してから数年の時間が流れている。

「大学の卒業に合わせて教員採用試験を受けるには受けたんですが、失敗しました。それなら企業に就職する道もあったかもしれませんが、それにも積極的になれませんでした。周りは就活（就職活動）に追われていましたが、私だけは何もしていなかった。自分が何をやりたいのか整理がつかなかったせいかもしれません。それで、アルバイトをして暮らしていました。いろいろやりましたよ、パチンコ店の店員とかね」

そんな彼が、一度は失敗した採用試験に再びチャレンジする。そのきっかけになったのは、母親だったそうだ。

「母親に泣かれちゃったんですよ。『こんなブラブラさせるために大学に行かせたんじゃない』ってね。母親を泣かせるような人生じゃダメだな、と思いました」

大橋はきまり悪そうに笑った。母親は、彼が定職に就くことを望んだのだ。教員になることを求めたわけではない。「お前が甘いからじゃないか」と親戚から責められていた母親のために、社会的にも認められる仕事に就きたかった。

「教員免許はあったので、それなら教員になろうかなと思ったわけです。数学を教えることに興味があったのも本当です。ペンとノートさえあれば、ひとつの真理にたどりつける、それが数学です。その面白さを子どもたちに教えていきたいな、と思いました。大学卒業時に教員採用試験を受けたのも、そういう気持ちがあったからです。

私自身が、数学が好きなんです。数学をやっていられればよかった。教員採用試験に失敗してアルバイト生活をしていたのも、数学やっていればよかったからかもしれません」

そして、中学で数学を教えるポジションを手に入れた。彼は、10年間にわたって数学を教えてきた。

モチベーションが下がってしまった

にもかかわらず、その座から自分で降りてしまった。なぜ彼は教員を辞めてしまったのか。訊いてみないわけにはいかない。

「自分のモチベーションが下がってしまった。同時に、体力的にもガタがきているのを自覚していました。

ともかく、学校現場を離れたかったんです。離れたところから、教員という仕事を考えてみたかった」

彼は初任校で3年、次の学校で7年を過ごしていた。8年を過ぎると異動しなければならない決まりになっていたので、もう1年いれば必然的に異動となり、そのタイミングで教育委員会など現場から少し離れたところに移れる可能性もあった。

「校長には相談しました。そうしたら、『もう1年いれば、可能性はあるかもしれない』と言われました。しかし必ず自分の希望がとおるわけではないし、異動して同じような学校現場だったら、何の変化もないわけです。

その前に、もう1年ガマンするだけのモチベーションを保てなかった。もう1年いてもモチベーションは下がるだけだし、自分がダメになると思いました」

なぜ、彼のモチベーションは上がらなくなってしまったのか。どんどん下がっていく一方だったのだろうか。それを訊いていくなかで、彼は何度も次の言い方をした。

「もうね、『やったもん負け』なんですよ。つくづく感じましたね」

行動を起こした者が得するという意味で使われるのが、「やったもん勝ち」である。起業にしても、失敗したときのことをあれこれ考えて踏ん切れない人は多い。それでも、思い切ってやってみる人がいて、成功してしまう。「あれは俺も考えていたのに」と言ってみても後の祭りでしかない。やらなければ失敗もしないかわりに成功もしない。成功は、やってみての結果である。つまり「やった者」が「勝つ」のだ。

その反対が、「やったもん負け」らしい。大橋は、なぜ「やったもん負け」になってしまったのだろうか。

「学校には、学校を維持・運営していくための細かな仕事があって、それを教員が分担してやることになっています。いわゆる『分掌』ですね。

教員がやることなのかどうか疑問な仕事が少なくないのも事実です。しかし、誰かがやらないと、学校を運営していけない現実があるのも事実です」

学校現場を知らない人たちには、教員は授業だけをやっているものだと思っている傾向が強い。だから子どもたちが帰ってしまえば仕事は終わりで、「教員は楽な仕事だ」と思っている人は少なくない。

たとえば新型コロナウイルス感染症で大騒ぎになり、教室の消毒が必須とされた。その消毒作業を誰がやらされるかといえば、教員なのだ。「教員は授業だけやっていればいいから楽だ」と言っていた人も、消毒作業を教員がやらされることを疑問に感じなかったりする。そんなぐあいに、授業が本来の仕事であるはずの教員は、ありとあらゆる「雑務」もやらされているのが現実である。どっちが本業か分からないありさまだ。

雑務も子どもたちのため？

そんな「雑務」を、教員の誰もが積極的にやっているわけではない。教員自身も本来の仕事は授業だけだと思っているので、それ以外の「雑務」はやりたくないのが本音のはずだ。そうなると、個々の取り組み方にも差が出てしまう。

「たとえばの話、地域での体育競技大会に出場する選手を励ますための、壮行会という行事があります。壮行会なんか意味がないと思っている教員もいて、準備に自分が使われるのを嫌がる。

でも私は、それはマズいんじゃないかと思うんです。出場する子どもたちに、がんばってもらいたいという気持ちを伝えたい、そういう壮行会にしたいと思うわけです。それには準備が必要だけれど、誰もやらないから、私がやるしかありませんでした」

そうやって、大橋の分掌はどんどん増えていった。当然、仕事をしている時間は長くなってしまう。彼の1日の時間の流れを訊いてみた。

「朝7時半までには学校に行って、授業が終わるのが午後4時、そのあとに部活動があって、終わるのが夕方6時ごろでした。そのあとに、クラス関係の仕事して、それが7時とか8時くらいまでかかってしまいます。

そこから、分掌関係の仕事に手を付けていくことになります。そうすると、9時とか10時くらいまでかかってしまいます。行事前だとやることが増えるので、日を跨ぐこと、つまり夜中の12時を過ぎてしまうことも珍しくありませんでした。

土曜日は部活と残業です。日曜日は休みましたが、もう何もする気がしない。人と話したくもないし会いたくもない。友だちから誘いがあっても、『勘弁してくれ』との気持ちが強かった。もう、ただ寝ていたかった。外に関心を向けることもなくなっていましたね」

なるほど、これでは本当に「やったもん負け」である。「やらないもん勝ち」に、なぜ大橋はなれなかったのだろうか。「やらないもん勝ち」になっている教員がいるのなら、その

1人に大橋もなればよかった気がしないでもない。

「13歳から15歳までの子どもたちに、『あのときはよかった、あのときがあるからいまがある』と将来思ってもらえるような中学生時代を送ってほしいじゃないですか。そう考えれば、いっしょうけんめいになっちゃうんですよね。

ただね、子どもたちを指導するための知識もスキルも自分には足りなかったと思います。だから、気持ちばかりが先に立って、ついつい頭ごなしに子どもたちを叱りつける場面もあった気がします。いまでは、反省しています」

そこまで子どもたちのためを思っていないと、「やらないもん勝ち」を決め込むことは簡単なのかもしれない。一般的に「子どもが好きだから教員になった」と思われているようだが、そうとは限らないのだ。

「子どものために考えている教員が多くないのは実感しました」と言って、大橋は続けた。

「子どもたちに注意するのは口だけで、何とかしようという気持ちのない教員がいます。それでいて職員室に戻ってくると、『何回言っても、言うことをきかない』とか『ああいうやつだから、しかたないですよ』とか平気で子どもの悪口を言っている。自分が本気で指導していないのに、子どもを悪者にして終わりにしてしまっている。

そんなふうに言っているのを聞くと、私は苛立ってしまって、その場にいられなかった。

かたちだけで注意してもダメで、本気でどう指導すればいいかを考えて実践するのが教員の役割だと思っていましたからね。そういう場面に接すると、すぐに職員室を出てしまっていました」

そういう教員に大橋が異議を唱えるとか、注意するとかはしなかったのだろうか。そこから、指導についての議論に発展していくということにはならなかったのだろうか。それを訊くと、彼は苦笑まじりに答えた。

「私からは言いませんでした。それで嫌われるとかを意識したわけではありませんが、言えなかった。いま考えると、そこで意見なり議論なりしていれば、そのほうが子どもたちのためになっていた気はします。子どもたちのことを考えれば、職員室から出ていくのではなくて、きちんと話をすべきだったんでしょうね。

でも、職員室が、そういう雰囲気になっていなかったのも事実です。教員同士で意見交換したり、指導について議論する雰囲気はまるでなかった。職員が一丸となって改善していこうという雰囲気はなかった。

それにも嫌気がさしたのかもしれません。変えるための働きかけをやるべきだったと言われると、そうだったかもしれません。その意味では、自分で自分のモチベーションを下げていたともいえます」

大橋が言う「やったもん負け」の原因も、実はそこにもあるのかもしれない。分掌を自分だけが引き受けるのではなくて、教員で分担すれば、そうする土壌があれば、「やったもん負け」になることはないはずだ。

教員同士が話し合う習慣、協力する習慣があれば……

分掌のすべてが、はたして教員がやるべきことなのかどうかという問題もある。それにしても教員のなかで話し合っていけば、要不要の区別もできるはずである。要不要の判断もなしに降りてくる仕事は、誰かがやってしまう。もしくは、やらされてしまう。そして次から次に、要不要も分からない仕事が降ってくる状況になってしまっている。そして教員はどんどん多忙化するのだが、不均衡な多忙化にもなっている。

教員同士が話し合う習慣、協力する習慣を築いてこなかったからかもしれない。その意味では、多忙化の責任は教員自身にもあるのかもしれない。

「たしかに、教員の連携がうまくいっていませんでしたね。私が忙しそうにしていても、『手伝いましょうか』と言ってくれる教員はいなかったかな。私のほうも、『手伝って』とは言えなかった。

この人に仕事を預けても中途半端にやられてしまうと思うと、任せられない。仕事ができる人に頼もうとすると、その人の仕事量が増えてしまうのが気がかりで渡せない。結局は、自分でやるしかなくなるんです。

それでいて、『うまく押し付けられた』という思いは常にありました。それで、モチベーションはどんどん下がっていく。辞める3年前くらいから、特に自分のモチベーションが下がっていくのを感じましたね」

辞めるときに、「やらないもの勝ち」の教員がいる不公平への不満を、大橋は校長にぶつけたという。あまりにも我慢できなくて、黙って辞めていくことはできなかったからだそうだ。

「それに対する校長の答は、『いろんな人がいるからね』というものでした。モーターの大小はあるし、同じ方向に進んでいても、微力な人もいれば、強力な人もいる、といった話もしていたような気がします。何を言いたいのか、さっぱりわかりませんよ。『まとめきれない』というような意味のことも、さかんに言ってましたね」

もしかすると、校長も「やらないもの勝ち」の教員と「やったもん負け」の教員がいることは承知していたのかもしれない。といっても、校長が分掌の分担を強制的に決めることもできない。分掌が教員の正式な仕事なのかどうかもあやふやなのだから、それも当然かもしれない。誰にもまとめきれない。「やらないもの勝ち」を決め込むか、「やったもん負け」になるしかないのだ。

校長の説明に納得できたのか、大橋に訊いてみた。彼は力なく笑いながら言った。

「納得なんてできないですよ。校長のは『言い訳』にすぎないじゃないですか。もっといいかたちで学校を運営していく方法はあったんじゃないかと思えてならないんです。私が『やったもん負け』になってしまっていたことは、いま思いだしても、イライラが再燃してきます」

その彼に、どんな職場になれば教員に戻って自分の仕事ができると思うか、と質問してみた。ためらうことなく、その問いに彼は答えた。

「子どもたちを育てることを理念の中心に置きながら、教員同士の話し合いができる職場ですかね。子どもたちの成長に必要なこと、不必要なことを、教員のあいだでざっくばらんに話せる関係のある職場でしょうか」

最後に、教員を辞めることについての母親の反応をたずねた。教員になる大きなきっかけは母親だったし、辞めるにしても母親のことが気になったはずだと思ったからだ。

「がっかりしていました。辞めるについては相談もせずに、事後報告でしたから、『辞める前に相談してほしかった』とも言われました。でも、『あなたが決めたことだから』と了解してくれました」

大橋が、再び教員に戻る日はくるのだろうか。その前に、職員室が変わる日は、はたしてくるのだろうか。

3 非正規教員は格下なのでしょうか

多田 芳樹（仮名）20代男性

授業準備ができない辛さ

「小学校で音楽専科の非正規教員として働いていたんですけど、教頭のミスで（契約）延長の手続きがされていなくて、それが辞めるきっかけになりました。ミスが分かった段階で手続きをすれば、教員の仕事を続けられたんですけど、『まあ、いいか』って気になって辞めてしまいました。教員をやったのは2年間だけですね」

多田芳樹はそう言った。大学の教育学部で音楽を専攻して教員になったが、ずっと音楽をやってきていたわけでもなく、教育学部を選んだのも教育を職業にしたいと思ったからではなかったという。

「大学の志望校を決めるころに、テレビドラマで『のだめカンタービレ』というのをやっていて、音楽もいいかなと思ったのがきっかけでした。それで音楽ができて合格できそうだったのが、教育学部だったんです。専攻は声楽でしたが、ほぼ入学してから本格的にやりはじめたみたいなものです。

ただ、大学時代にかなりはまりまして、教員は辞めたけれど、歌は現在も続けています」

教員を選んだのも、教育学部を卒業して教員免許も取得していたので、彼に言わせれば「流れ」でのことだった。しかし、教員採用試験に失敗してしまう。そこで、臨時採用として非正規で音楽専科の教員として働くことになった。小学校を選んだのは、中学や高校の音楽専科教員は余っていたが、小学校では不足している状況だったからだ。

彼に、なぜ教員を辞めたのかを訊くと、「辛かったから」という一言が戻ってきた。その「辛かった」を聞いていくことにした。

「授業準備をする時間がなかったことが、いちばん辛かった。学校としての授業時間は週に28コマありましたが、音楽専科だと25コマが授業で埋まっていました。

教員になって1、2年はそれまでの積み重ねもないので、それこそイチから準備しなければなりません。いくら時間があっても足りないくらいです。

さらに、私はピアノが専門ではなかったので、伴奏をするにも1曲に1時間も2時間もの練習をして臨まないと、満足のいく授業になりません。伴奏でちょっとでも間違えると、子どもたちが指をさして露骨に非難してきますからね。そうならないためには、練習時間が絶対に必要なんです。

伴奏の練習以外にも、ちゃんとした授業をするためには、事前に内容の組み立てとかも考えておく必要があります。とても授業以外の3コマで足りるわけがありません。

最後のころは、朝の1時間で3コマ分の授業予定を無理矢理に組んでやったこともあります。もう、ぶっつけ本番と同じですよ。もちろん、満足できる授業になるわけがありません。

授業のやり方で決められたものもあるにはあるんですが、そんな決まりきったものでやっても、まともな授業にはなりません。同じ学年でもクラスによって状況が違いますから、それぞれに合った授業を組み立てていかないと、ちゃんとした授業にはならないんです」

28コマのうち25コマが授業で埋まっていれば、空き時間に授業準備をするのは無理というものだ。「空いているコマが3コマもあるじゃないか」と指摘したくなる読者もいるかもしれないが、この空きコマ数を授業準備に充てられれば「ないよりマシ」かもしれない。しかし、授業準備に充てていくのは実際には難しい。なぜ簡単ではないのか、多田は次のように説明した。

「私に言わせれば、雑用としか思えない用事がかなりあるんです。それも事前に割り当てられているようなものであれば、自分なりにやりくりもできたのかもしれないが、突然に言われることが多い。ほかの教員が授業をやっている時間に職員室にいると、『暇だろう』みたいな感じで、教頭とかに用事を言いつけられるんです。

不登校になっている子のところに、様子見に行かされたこともあります。その子について知識も何もないにもかかわらず、『とりあえず行ってこい』でした。そんなんで行っても、何の役に立つかどうか分からないじゃないですか。それでも、『これも経験だから行ってこい』なんです。訳が分からないですよね」

それが音楽専科の自分がやらなくてはならない仕事なのかどうか、多田には疑問だった。なにしろ経験が浅いのだから、自分の仕事とそうでないこととを線引きができなかったのだ。「教頭に言われれば、もう命令ですからね。とても逆らえない」と、多田は笑った。

訳の分からない雑務は、ほかにもかなり多かったという。翌日の朝礼のために、体育館に生徒が座るための椅子を並べておくように校長から指示されたことがあったそうだ。並べているると、そこに教頭がやってきて、「何やってるんだ」と言うので片付ける。それで片付けているると、校長がやってきて「さっさと並べろ」と言うので、片付けた椅子を再度並べることになる。

同じようなことが何度もあったという。運動会のときにテントを張るか張らないかで校長と教頭の意見が一致していないために、張ったテントを片付けたり、再度張り直したこともあったそうだ。

「校長と教頭が、それぞれ自分の思いどおりにやりたい人たちで、それで仲が悪い。話し合って物事を進めようとしないので、そのとばっちりが教員にくるわけです。特に、私のような若い教員は手足のように使われて、振りまわされてしまう。

それに、無駄な時間を費やさなければならなくて、授業準備にかけられる時間がますます少なくなってしまうわけです」

昼休みも自由にならない。音楽専科だったが、学年の副担任を押し付けられていた。その学年全クラスの副担任、というわけだ。

その副担任は、給食の時間には各クラスを順番にまわることになっていた。自分の給食を盆にのせて、今日は1組、明日は2組といったぐあいにまわるのだ。

それを子どもたちとの交流の機会にするのが学校側の目的らしかったが、多田には無意味としか思えなかった。それよりも、その時間を授業準備に充てたかったのだ。

放課後も、これまた自由ではない。子どもたちは帰ってしまっているにもかかわらず、授業準備をやれる時間にはならなかった。

「週の半分くらいの放課後は、会議で潰れていましたね。校務分掌での会議もありましたし、私が学校にいるころに多かったのはイジメについての会議でした。会議といっても話し合う場ではなくて、事例説明があったり、それについて上のほうで決めた対応策についての説明があったり、説明でもなくて『伝達』でしかありません。

そういう伝達を長々とやることに意味があるのか、まったく理解できませんでした。そう思っていたのは私だけではなかったようで、会議のあいだ寝ている先生もちょいちょいいましたからね。

特に私の場合は専科ですから、子ども一人ひとりと接する時間なんて、ほとんどないわけです。にもかかわらず、『こういうふうに子どもたちに声がけしたほうがいいですよ』なんて話は役に立てようもないわけです。それなのに、強制的に出席させられるわけです」

ジッと我慢だけしていたわけではなく、多田は教頭に「自分が会議に出席している意味がない。その時間を授業準備に充てさせてほしい」と願い出たこともあったという。

それに対する返事は、「会議の数も減ったし、時間も短くなっているんですよ」だった。問いに対する答になっていない。かといって、多田の要望を拒否したわけでもない。頭から拒否すれば、それはそれで大事になりかねないと判断したのかもしれない。拒否すれば自分が会議への出席を命じたことにもなりかねないので、それを避けたかったのだろうか。

異動も早く、立場も不安定

ともかく、話にならないので、それ以上、教頭にたずねることはやめた。教頭から職員会議への出席を免除されたわけでもないので、出席するしかなかった。授業準備のための時間は、あいかわらず足りないままである。

そうなると残業ということになるのだが、音楽室を利用できる時間が制限されていたために、遅くまでピアノでの伴奏練習をするといったことはできなかった。それなら早く帰れたのかといえば、そういうわけでもなかったようだ。

「私は残業は少ないほうだったと思いますが、それでも朝7時半には出勤して、退勤は夜の7時半ごろでしたね。1日12時間勤務でした。

たとえ自分の仕事が終わっていたにしても、帰れないんです。ほかの先生に、『何かありますか』とたずねるように言われていたし、たずねないで帰ってはいけない雰囲気が職員室には強いんですよ。

たずねると、『ありません』と言われることは絶対にありません。あれやって、これやってと振られます。宿題の丸つけなんか、ずいぶんやらされました。

たずねなくても、『これやって』と言われることも多かったですね。若いから、なおさら手伝わされるような感じでした。そうなると、なかなか定時になんか帰れないわけです」

授業準備のための時間が思うように確保できない毎日で、それに対する苛立ちは募るばかりなのが、多田の教員生活だったことになる。だから教頭の手続きミスを訂正して続けることが可能だったにもかかわらず、彼は教員をあっさり辞めてしまった。

もうひとつ、多田の話を聞いていて気になっていたことがある。それは非正規だったということである。彼に「非正規ではなくて正規の教員だったら辞めなかったか」という質問をしてみた。

「たぶん、辞めずに続けていたと思います。どうしても非正規だと同じ学校で勤める期間が短くなるんです。産休とか病欠とかの先生の代わりに入ることになるので、その先生が復帰すれば他校に移るしかない。でも正規であれば長くいられますから、長期的な視点で子どもたちを教えることができます。

たとえば算数なら、2年生ではここまでやって、3年生はこれをやる、というのが比較的明確に決まっていますよね。実際には、そう単純ではないとは思いますね。

音楽は積み重ねなんです。たとえば、高学年では楽譜を読める前提で授業をやることになっています。ところが私が担当したなかでも、子どもたちの半分以上が楽譜が読めないクラスがありました。こうなると授業にならないわけです。もっと早くから担当していれば、そうならないように手の打ちようもあったと思うんですけどね。

これが正規で、もっと早くから担当していれば、そうならないような授業計画を立てられると思います。そのうえ、授業準備も思うようにできない状態ですから、もうお手上げです」

いつ異動になってもおかしくない状態では、落ち着いた指導ができるわけがない。日々の授業の準備もままならないが、長期的な準備もしたくてもできないことになる。それは、子どもたちにとってもいいわけがない。

そういうことまでふくめて非正規ということを学校、教育委員会、文科省が考えているのかどうか、そこからして疑問である。非正規は子どものためなのか、それとも単なる「大人の都合」でしかないのだろうか。

さらに、正規なら復職するが、非正規では復職する気がない理由を多田が続けた。

「非正規は正規よりも低い地位にみられますからね。職員室でも『お客様扱い』で、一線を引かれている。早く帰ろうとすると『臨時採用だからね』って嫌味ったらしく言われることもあったし、こちらにしてみれば侮蔑的に聞こえるんですよね。同じ教員として扱われていない感じがあって、ああいうポジションには戻りたくないです」

子どもたちとの授業は楽しかった

教員を辞めて、その後の生活についても訊いてみた。非正規であっても、とりあえず生活の基盤はあるわけだが、辞めたら不安定そのものの生活になるのではないかと考えたからだ。その意味では、辞めたことを後悔しているのではないだろうか。

「非正規で働いていたころは、月に22万円くらいもらっていました。アパートで一人暮らしでしたから、家賃とか食費とかを差し引くと、自由にできるのは5万円くらいしかありませんでした。けっこう苦しい生活でしたよ。

でも、辞めてから実家に戻ったんです。それでアルバイトとかやっていると、月に20万円くらいは稼げます。それで家に5万円を入れて、あとの15万円は自由に使えます。経済的にはずっと豊かです。

なにより、時間ができました。教員のときには、自分の歌の練習はほとんどできませんでしたが、いまは時間もあるのでちゃんと練習できています。これが、辞めていちばんよかったことですね」

教員をやってみて、子どもに教えることそのものが嫌いになったりはしなかったのだろうか。そのことも、もしかしたら、辞める理由になってはいなかったのか。

「それはありません。歌だと、もともと音程がとれなかったりして、個人差が大きいこともあって、不得意な子はいます。でもリコーダーだと、そういうことがないので、みんな好きでしたね。

リコーダーについては、全員で演奏するだけではなくて、一人ひとりを丁寧に指導していたので、なおさら好きになってくれましたね。歌が不得意でも、自分の好きな曲をずっと吹いている子もいましたね。

そういうことを思い出すと、『楽しかったな』と思うんです。だから、教員という仕事そのものは好きでした」

そうであれば、教員という仕事にこだわっても不思議ではない。復職を真剣に考えていないのだろうか。それをたずねてみた。

「音楽を教えるのは、教員でなければできないことではないんです。教員を辞めてみて、改めていろいろな仕事があることに気付かされました。結婚式での演奏とか、音楽を活かす仕事もたくさんあります。

最近は、個人の音楽教室を開いてみようかなとも考えています。子どもが嫌いで学校を辞めたわけでもないし、むしろ子どもに教えるのは好きだったんだなと実感できていますからね。教えることは、学校でなくてもできるんです」

多田は楽しそうに語った。2年間の教員生活をつうじて、子どもたちに教えるという楽しさを彼はつかんだのかもしれない。それで最後に、「学校に復職する気はありませんか」と訊いてみた。

「教員免許が切れる前に、採用試験にチャレンジしてもいいかな、とは考えています。それも、じゅうぶんな授業準備の時間が保証される環境が整えばの話ですけどね。そこが変わらなければ、復職はありえません」

笑いながら、多田は言った。

4

自分の子どものクラスの担任に嫌な思いはさせられない

福田 佳代（仮名）40代女性

「よく首を吊らなかった」新任時代

2度の出産・育児休暇をはさんで、通算すれば14年間が、福田佳代にとっての教員生活だった。そして、30代後半で彼女は教員を辞めた。多忙のために疲れ果てて嫌気がさしたわけでも、パワハラやイジメを受けたためでもない。

彼女が教員採用試験に合格したころは、教員の採用数がかなり少ない時期だったという。大量採用時代の煽りで、新規採用が減らされたためである。大量に採用されたころの人たちが、大量に残っている時代だったのだ。それは、大きな問題として、いまにつながっている。ともかく、福田は数少ない新任教員だった。

「勤めはじめてから5年目くらいには、『将来は校長だよね』と周囲に言われたものです。絶対数が少ないから、誰でも校長になれる。校長にならないと、校長の数が足りなくなるというわけです。それくらい若い教員は少なかったんです」

福田の初任は4年生の担任だったが、ここで学級崩壊を経験することになる。自分のクラスが、学級崩壊と呼ばれる状態になってしまったのだ。原因のひとつが「初任者研修にあった」と彼女は言った。

「その年度の新任者を集めて自治体が行う初任者研修があります。それが週に1回あって、そのたびに学校を留守にすることになります。職員会議を開くにも、私が初任者研修の日だと開けない。ほかの行事でも同じで、そのたびにスケジュール調整をやっている先生からは、『またか』という顔をされました。

教室でも同じで、週に1回留守にすることで、授業の進行に影響があるのではと、保護者に心配されました。ただでさえ新任で不安なのに、留守がちとあってはなおさらですよね」

その状況を悪化させる要因もあった。福田が担任するクラスを前年度に、つまり3年生のときに受け持っていた担任は福田と入れ替わりに異動したのだが、その教員が父兄たちに入れ知恵をし、不安を掻き立てて去ったのだという。

「指導力のない新任に担任させて、しかも初任者研修で週に1回は抜けるから、まともに授業ができない、たいへんね、というぐあいだったみたいです。採用が少ない時代ですから、新任がくるのも何年かに一度の状態ですから、保護者も新任に慣れていない。新任がどういうものか、まったく理解していないわけです。

そこに、そんなことを吹き込まれて、保護者は疑心暗鬼になっていた。保護者との最初の懇談会では、『新任でだいじょうぶなの?』とか『週一で留守にして授業に支障は出ないの?』などと、一方的に責められました。いくら説明しても納得してもらえないし、まさに紛糾状態でした」

保護者が福田のことを頭から信用していないのだから、それが子どもたちにも伝わる。子どもたちは福田の言うことに耳を貸さず、反抗的にもなっていく。どんどん悪化していくばかりで、手のつけようがなく、ついに学級崩壊の状況となっていくのだ。

「どうにもできませんでした。結局、うまくいかないまま1年が終わってしまいました。いま考えれば、よく首を吊らなかったな、と思いますよ」

と、笑いながら福田は言った。実際、新任で学級崩壊に直面し、それを苦にして自殺した例が彼女の耳にも入ってきていた。初任に担任をさせる仕組みそのものに問題があるのかもしれない。

福田も同じ道を選んでいてもおかしくなかったのだが、その道を彼女は選ばなかった。それどころか、「辞めたい」とも考えなかったという。

順風満帆で教員になる夢を達成

彼女が教員の道に進むことを決めたのは、中学生のころだった。よく同級生から勉強を教えてくれと頼まれる生徒で、教えるたびに「あなたに教えてもらうとよく分かる」と言われていたそうだ。そうして、「分かりやすく教える喜び」に目覚めた。さらには、中3のときの担任の影響もあった。

「私が仲の良かった子がグレちゃって、それから私は怖くて彼女に近づけなくなった。ところが担任は、彼女を見放さずにずっとかかわっていたみたいなんです。どうかかわっていたかは、私は彼女に近づかないようにしていたから分かりません。

でも、卒業式のときに、彼女が担任に花束をあげているのを目撃したんです。きっと彼女は、そのころには担任を信頼して頼りにしていたんだと思います。そういう関係を築ける教員という仕事っていいな、と思いました」

そして、彼女は教員を目指したのだ。同級生に教えるくらいだから成績はいい。高校でも同じで、彼女は希望どおりの大学の教育学部にストレートで合格する。そして順調に卒業して教員採用試験を受けるが、最初は不合格だった。なにしろ採用そのものが少ない時代なので、そう簡単には合格できない。だから、彼女自身の落胆も大きなものではなかった。むしろ、「1回や2回の失敗は普通」という気持ちだったそうだ。

そして2回目のチャレンジで、見事に合格する。その時代にしては順調だった。彼女は、自分自身も認めるほど順風満帆だったのだ。

そんな彼女が、初任で学級崩壊を経験する。教員にとっては大きなダメージのはずで、彼女にしても初めてといっていいほどの挫折だったにちがいない。だが彼女は自殺どころか、辞めることすら考えなかった。

「何ごともなくて順風満帆のままだったら、かなりの天狗になっていたかもしれません。学級崩壊を経験したからこそ、天狗にならなかったし、学級崩壊のような事態を二度と起こさないようにと反省し、努力しようと思えました」

彼女にとっても、学級崩壊はたいへんなショックだったことは事実である。しかし、そこで立ち止まらないのも、彼女だったのだ。常に前向きである。

「学級崩壊を経験することで気づかせてもらった、と考えています。保護者に責められて、声の大きな保護者に振りまわされている自分がいました。どう対応しようかばかり考えていました。自分を見失っていたんですね。それでは味方になってくれる保護者がいても、失望して離れていって当然です。子どもたちも同じですね。

まず、自分を知ってもらい、それによって信頼関係を築くことが大事だと考えました。次の年度は2年生を担任したんですが、自分のことを話しました。小学校時代には給食を食べるのが遅かったとか、こんなことで怒られたとか、私の失敗シリーズです。それを面白おかしく、そして教訓も交えながら話しました」

それは、子どもたちにとっても楽しかったのかもしれない。みんな、熱心に聞いてくれた。それだけでなく、家に帰って保護者に、「きょうはこんな話を先生がしてくれた」と報告していたようだ。

「『元気に帰ってくるし、楽しそうに先生がした話を教えてくれます』という保護者からの声が、私の耳にも入ってきていました。最初は『学級崩壊させた先生』と言われていたと思うんですが、『意外にだいじょうぶじゃない』と思ってくれるようになったようです。子どもをとおして、保護者が私を評価してくれるようになっていきました」

保護者の声に右往左往することもなくなった。保護者から疑問の声があっても、「こういう理由でやっています」と堂々と説明できるようになった。保護者の全員に理解してもらわなくても、大半は認めてくれているとの自信にもつながっていった。

そうなると、学級運営もうまくいく。学級崩壊のようなことも起きない。教員と子ども、子ども同士でもプラスの会話が多くなる。家でも子どもたちがよく話をするようになって、家庭も変わっていく。それも最初に失敗した経験があったからだ、と福田は思っている。

妊娠がきっかけで多忙が激化

もちろん、教員としての多忙さは、初任のころからあった。朝の7時半には出勤して、退勤は夜の9時過ぎになるのは珍しくなかった。1日に12時間以上も学校で仕事をしていたことになる。

「夕飯はどうしていたんだろう。家に帰って食べていたと思いますけどね。お菓子を食べて、それで済ましていたのかな。記憶があいまいというか、覚えていません。仕事をしていると、意外に空腹を感じないんですよ。

それでも若かったから体力があって、それでやれたのかもしれません。独身だったし、時間をかけることで仕事量をこなしていた感じでした」

それから異動になるのだが、新しい赴任先では「ムチャ振り」されることが多かったという。「前任校で文句も言わずに働いていたので、『何でもやる人です』と申し送りがあったのかもしれません」と、福田は笑う。

何でもかんでもやらされるのでは、「できる人」の評価もありがたくなさそうだ。それも、自分ができる範囲での仕事を振られるのならいいが、できない仕事、不得手な仕事まで振られてしまっては困りものである。

「いきなり音楽主任をやらされたんです。校歌とか歌うときに、ピアノで伴奏をしなきゃいけないんです。ピアノは大人になってから少し練習してましたけど、伴奏なんてできる技量じゃありません。

それでも練習して役目を果たすしかない。なんとか校歌が弾けるようになるまでに、半年はかかりました。それでも、間違えて演奏が止まっちゃったりしたこともありました。それでも文句も言わずに、ほかの先生にも助けてもらいながら、最後までやりました」

その学校のときに、結婚して出産することになる。担任は外れ、担任を補助する役割にまわしてもらった。妊婦なのだから、できるだけ仕事の負担は軽くしてもらって当然だろう。しかし、楽ができたわけではない。

担任が用事ができて授業を代わりにやることになるのだが、それが容赦なく振られてくる。理科の実験だ、家庭科だ、といろいろな科目をこなさなければならない。担任のほうが楽なくらいな状態だったという。体育の授業まで任された。

「さすがに妊娠7ヶ月くらいになると、お腹もかなり目立ってきて、とても体育の授業ができる状態ではありませんでした。『ほかの先生にやってもらえませんか』と、初めてギブアップしました」

そう言わなければ、そんな身体にもかかわらず、「やってくれ」と言われてしまう状況だったのだ。妊婦への配慮がなさすぎる。いまでも福田自身も腹立たしく思っているのかといえば、そんなことはない。

「若い教員が少ない時代でしたからね。いまなら出産する年代の先生も多いので、それに配慮する環境もあるかもしれません。当時は出産を控えながら勤めている同僚がいるなんて、誰も経験したことがない時代だったんです。

だから、『どうすべきか』なんて分からなかっただけのことだと思います。悪気はなかったと思いますよ。校長をはじめ、ほとんどの教員が妊婦への気遣いのしかたが分からなかっただけのことです」

無事に出産し、1年半ほどの産休・育休が明けて職場に復帰した。すぐに4年生を担任させられ、さらに生徒指導主任の役割がまわってきた。復帰明けなのだから、少しは楽な仕事をまわしてもらってもよさそうな気もするのだが、そんなことはなかったわけだ。

しかし、その気遣いのなさは、福田にとっては問題ではなかったようだ。別の意味で、彼女は自分に生徒指導主任のポジションがまわってきたことに戸惑ったようだ。

「生徒指導主任って、『怖いおっちゃん』がやるものと思っていましたからね。そのとき私は、30歳になったくらいのときでしたから、『なんで私なの』って思いました」

と、福田は笑う。もちろん育児という仕事も増えていたのだが、彼女は全部をこなしていた。育児に家事、そして仕事とけっして楽なわけではなかったはずだが、教員を辞めようと考えたことはなかったという。

忙しいところに、さらに忙しさは増していく。復帰して次の年度は2年生を担任し、生徒指導主任も続けながら、さらに学年主任まで任された。1学年が2クラスしかない学校で、2年生の担任は福田ともう1人だけだった。そのもう1人が問題だったために、福田の忙しさは、さらに増していく。

「赴任してきたばかりの臨時採用の先生でしたけど、とにかく変わった方でした。授業では、板書をいっさいしない。一緒に食事に行っても、『ボンゴレをアサリ抜きで』って平気で注文する人でした。校長に『あの先生は給食を教室で食べているか』と聞かれたことがあって、いくら学年主任でもそこまで管理できないので、『校長先生が自分で確認してください』って応じました。校長も気づくくらい変な人だったんです」

それでも、仕事をテキパキこなしてくれたら福田も不満ではなかったはずである。福田の負担が重くなることはないからだ。しかし、そうではなかったから彼女の負担は増し、困り果ててしまった。

「毎月の学年だよりは交代で書くことになっていたんですが、その人は『手書きでいいですか』と言うんです。校長とかから校閲が入るので、手書きだと修正するのがたいへんですよ、と言ったんです。それでも、手書きでやる。

それでも任せられればいいんですが、『何を書いていいかわからない』と言ってくる。それで、私が下書きをして渡すことになる。そんなことをやっていると二度手間で、私がやっちゃったほうが早い。結局、私が全部やりました」

学年での会計といった仕事などもあるが、それもいっさい任せられない。福田がやることになる。それだけではなかった。

「生徒の指導もできないんです。スポーツテストがあるといえば、その説明を子どもたちにできない。仕方がないから、２クラスまとめて私がやらなければならない。子どもたちの連絡帳に書くことまで、一言一句まで私が指示しないとできないんです」

さすがの福田も、そんな状況にガマンできなくなった。そんな余計な仕事に時間を割いている余裕など、担任もやり生徒指導主任もやりながら、育児や家事までやっている彼女にはなかったからだ。

夏休み前に、『こんな状態では、自分の仕事ができません』と校長に訴えた。校長も状況を知らないわけではなかったので、その教員については校長が面倒をみることにしたという。

そんなときでも、彼女は教員を辞めようとは考えなかった。

「育休明け」への配慮はなし

さらに異動があり、二度目の妊娠が分かった。教員を辞めるつもりはなかったので、１人目の子は保育園に預けて働いた。夫は会社勤めだったので、保育園の送り迎えも彼女の役割にならざるをえなかった。

「６時に退勤するのに、もう必死でした。それまでに仕事を終わらせるために、もう、すごい勢いでがんばっていたと思います。

そして6時半には保育園に迎えに行って、帰って夕飯の準備をして、子どもに食べさせる。そこまでやると、くたびれ果てるんです。お腹が大きいと疲れやすいし、仕事は減るわけではなく、早く退勤するために集中して片付けていると、なおさら疲れるわけです。

子どもに夕飯を食べさせると、眠気に勝てなくなる。本格的に寝るのではなく、うたた寝ですね。そういえば、そのあいだ子どもはどうしていたんだろう。一緒に寝てるときもあったけど、テレビを観ていたのかな。

ともかく夜10時ごろに起きて、子どもをお風呂に入れる。子どもも寝るのが遅くなりますよね。ずいぶんあとになって保育園の先生に、『あのころ、○○ちゃん（福田の子ども）は園で眠そうにしていました』と言われました」

保育園に子どもを預けていると、急な呼び出しをうけることがけっこうある。体調が悪そうだ、熱を出したと、保育園から迎えにくるように連絡が入るのだ。

「すぐに駆けつけられるわけじゃありません。『もう1時限だけ授業してから行きます』と伝えて、医務室で預かってもらっていたことも多かったですね。私が抜けて自習させるにしても、次の授業につなげる意味のある自習をさせなくてはいけないので、自習計画書をつくってから学校を出ることになります。

ただ、抜けても校長が自習の見守りをしてくれるとかサポートしてもらえる体制はあったので、普通の企業にくらべたら、突然の呼び出しにも対応できたんだと思います」

それでも、子どもがいて妊婦でもある教員への配慮が万全だったわけでもない。容赦なく仕事はさせられた、と言っていい。

「6月下旬から産休に入ることになっていたんですが、どうしても教員の調整がつかずに4月から担任をやらされたんです。6月上旬に家庭訪問があったんですが、『いなくなる私が行くより、新しい担任に行ってもらったほうがいいんじゃないですか』と校長には提案したんですが、認められませんでした。大きなお腹を抱えて、それでも出産間近ですから辛くて、最後には校長にクルマを出してもらって、全部をまわりました。20人の生徒の家まではまわれたけど、あとはダメでしたとなるのはイヤでしたからね」

まさに「容赦ない状態」だった。どうにか産休・育休に入り、無事に出産することができた。そして復帰するのだが、容赦なく仕事させられるのは相変わらずだった。育休明けで復帰早々に担任をもたされるのは当然のごとくで、習字展などを担当する書写の仕事もやらされた。これがたいへんで、在籍していた学校が地域での役職をやる番にあたっていたのだ。

「順番なのは分かっていたはずなのに、なんで育休明けの私にやらせるのか、と思いましたよ」

と、福田。それでも、仕事を拒否することはしない。授業をはじめ校務をこなし、2人の子育てをしながらの仕事としては過酷だった。

地域での書写の役職になると、賞の選抜や展覧会の運営の責任者の役をはたさなければならない。審査員への依頼や選考会場の準備まで、一切合切をやらなければならないのだ。雑務の山である。

「『育休明けなので代わってもらえませんか』って教育委員会にも頼んだんですが、『順番だから』と拒否されました。まったく初めての仕事ですから、何をどうやっていいのか分かりません。教えてもらうために前任者を訪ねたりして、なんとかやりましたけどね」

それでも、福田は教員を辞めなかった。辞めることを考えもしなかったという。

なぜ、そこまで仕事をしてしまうのか、彼女にたずねてみた。すると彼女は、「任せられると、自分が認められたと思って、やりがいを感じてしまうからかもしれません」と答えた。

落ち着いたら復職も……

その福田が教員を辞めたのは、上の子が小学校入学、下の子は2歳で保育園に在籍しているときだった。

「学校で暴力的な行為が多いなど、問題を抱える子が増えてきたんですね。時代かもしれません。

そういう子に多く接していると、問題は家庭にあると思うようになったんです。母親にかまってもらえないから、その不満を学校でぶつけているようにしか思えない。

私も忙しくて、寝ていてもクラスの子や保護者の夢をみるくらい仕事に没頭しちゃっているところがある。そうすると、自分ではやっているつもりでも、じゅうぶんに自分の子どもをかまってやっていないかもしれないと考えたんです。小学校に入って、その不満を学校でぶつけるかもしれない。私の子の担任になった先生に、私が学校で味わっているのと同じ苦労をさせることになるかもしれない。それはできない、と思ったんです」

それで、辞めた。周りからは、「公務員の安定した立場を捨てるのはもったいない」と言われたが、彼女の決心は揺らがなかった。

ただし、教員そのものに嫌気がさしたわけではない。「子育てが落ち着いたら復職してもいいかなと考えています」と、福田は笑った。

5 学校は外からみるほど単純なものではない

千葉 雅子（仮名）50代女性

なぜ簡単に「解決策は○○」と言えるのか

「『なぜイジメ問題を解決できないのか』、問題が表面化するたびに評論家とかコメンテーターといった方々が、『なぜ教員はこう対応しないのか』など、いろいろなことを言われます。以前の私も、同じように思っていました。でも、いまは『学校現場に1週間いたら対応できない理由が分かるよ』という気持ちです」

と言うのは、千葉雅子だった。彼女は小学校教員を途中退職しているが、イジメ問題が直接の原因ではない。しかし外部から「なぜ、できないの」と簡単に指摘されることを、実は簡単にやれない学校現場の現状が、彼女が教員を辞める要因のひとつだったことはまちがいない。

「新卒で最初に赴任したのは特別支援学校でした。障害を抱えた子どもたちを教えたいと学生時代から考えていたので、希望どおりの仕事に就けたことになります。

特別支援学校もそれなりのたいへんさがありますが、そこにいると普通学級のたいへんさは、とても理解できないと思います。だから特別支援学校時代の私は、『なぜイジメ問題を解決できないの』と考えていたわけです」

その千葉が通常学級の担任になったのは、特別支援学校で6年間の教員を経験したあとのことだった。その自治体では、特別支援学校は7年以上勤めることのできない制度になっていたため、いわば強制的な異動である。小学校に赴任した彼女は、そこで初めて通常学級を担任することになる。

「赴任して1週間もいると、なぜイジメ問題が学校で解決できないのか、すぐ分かりましたね。

イジメが問題化すると、イジメられる子が被害者でイジメたほうが加害者という図式で、マスコミも取り上げるじゃないですか。でもね、学校現場にいると、どっちが被害者で、どっちが加害者なのか、簡単に色分けすることなんてできないんですよ。

イジメる子は家庭に問題があったり、個人的に障害を抱えている場合が多い。イジメられる子も、勉強の面で問題があったり、発達障害とか自閉スペクトラム症とかが疑われるケースが多かったりします。それも単純な症状ではないので、簡単に対応できるものではない。そういう複雑な状況のなかでイジメは起きているので、『解決策はこれ』なんて軽々しく言えないんです。それが外からはみえないから、学校が何も対応していないようにしか思われない」

保護者からの容赦のないバッシング

そこに、保護者の問題までが絡まってくるので、なおさら解決は難しくなってしまうのだという。いまの学校をめぐる問題で、実は保護者が「元凶」になっているのではないかとさえ、千葉の話を聞いていて思えてもきた。千葉が続ける。

「明らかなイジメがあって、『お宅のお子さんがイジメていますよ』と保護者に報告したとします。これが警察なら『よく注意しておくように』と続いて終わりかもしれませんが、学校ではそうはいかない。

もちろん、親に丸投げすることはなくて、『健全な発育のために、いっしょに教育していきましょう』と多くの教員は言いますよ。私もそう言ってきました。

しかし、それを素直に受け入れて、いっしょにがんばってくれる保護者は、かなり少ない。信じられないかもしれませんが、それが現実なんです」

それで、保護者は問題を教員に丸投げして済ませてしまうのだろうか。そんな無責任な保護者が増えているのだろうか。それはそれで大きな問題である。

ただし千葉に言わせると、丸投げされるなら、そのほうがまだマシなのだそうだ。教員の負担は重くなるが、保護者が口出ししてこないだけ負担は軽くなるからだという。それは、次の千葉の経験を聞いていて理解できる気がした。

「我が子がイジメをしていることを指摘されて、教員を攻撃してくる保護者が実は少なくないんです。メチャクチャなクレームを執拗に入れてきて、それで退職に追い込まれた教員が、私のまわりにも何人もいました。

私の経験を話せば、教室で男の子と女の子がぶつかって、歯が少し欠けてしまったことがあります。それも永久歯だったので、たいへんですよね。

その女の子の母親が怒って、もちろん、男の子の保護者に文句を言います。男の子の保護者も問題があって、簡単には謝らない。謝らないどころか、『あんなところに座っていたのが悪い』と言い返す始末。問題解決になるわけがない。

そうなって、女の子の保護者の矛先が教員である私に向かってきたんです。『管理が悪い』というわけです。女の子の保護者だけでなく、男の子の保護者までが、『責任をとれ』と私に言ってくるようになりました。両者とも、それはそれはしつこい。『裁判を起こすぞ』といった脅し文句も、何度も言われました。辞めなければいけないな、と私も思ったりもしましたね」

それでも、時間の経過とともに両方の保護者が矛を収めていく。ただ、時間だけが解決したわけではなかった。放っておけば事態が悪化した可能性はじゅうぶんにあるのだが、千葉は放っておかなかった。

「その男の子と女の子が接触しないように気を配るようにしました。教室に張り付いて注意を払い、それこそ『見張り』です。2人が接触して、また問題を起こせば、火に油を注ぐようなことになりかねないので、そうならないように注意を払ったわけです。

でも40人いるクラスで、その2人だけを見張っているわけにもいきません。体育の授業前には着替えをしなければならないし、給食では当番を給食室まで引率することになっていましたから、どうしても目を離す時間ができてしまう。そのあいだに2人が接触して問題を起こすのではないかと、気が気ではありませんでした。

しかも、見張らなくてはならないのは、その2人だけではありません。問題を起こしそうな子はほかにもいるので、それこそクラス全体を見張っているような状態でした。少しも気が休まりません」

問題を起こさない、問題が起きても大きくしないためには、日頃からの保護者への気遣いが必要だと千葉は言う。そのために彼女が心がけたのが、「毎日、生徒一人ひとりの保護者に向けた連絡帳を書く」ことだった。クラスには40人いたから、毎日、40人分の連絡帳を書くことになる。

「ただカタチだけの連絡ではダメなんです。丁寧に書かないと、それでブチ切れる保護者もいるので、とにかく丁寧に書く。言葉も選んで書きました。保護者が連絡帳に3行書いてきたら、こちらは1ページ書きます。それくらい気を遣っていましたね」

連絡帳だけでなく、千葉は学級通信もマメにつくって配っていた。連絡帳は個々に向けてだが、こちらはクラスの保護者全体に向けての情報発信である。

「保護者との信頼関係を築くには学級通信も効果的だったと、いま振り返ってみても思います。クラスで問題が起きても、保護者との信頼関係ができていれば、大事にならないで済みます。誰かに教わったわけでもなく、自分で考えて、学級通信を出すことにしました。ランダムに出すと、そのことでクレームを言ってくる保護者もいるので、毎週金曜日と決めていました。

いま考えてみれば、『自衛』の意味もあったと思います。自分の身を守るためには、保護者との信頼関係をつくっておく必要があったわけです」

子どもたちの暴力は日常茶飯事

もちろん、保護者のほうだけを向いていれば「安泰」、というわけにはいかない。当然ながら、それ以上のエネルギーを子どもたちに割かなければならない。

先述した「見張り」にも相当のエネルギーが必要だが、個々への対応となると、それ以上のエネルギーを要することになる。しかも、子どもたちも「昔」とは大きく変わってきている。

「子どもたちの暴言、暴力は、いまの学校では日常茶飯事といってもいい状況です。『死ね』とか『あっち行け』みたいなことは平気で言いますからね。小学生でも教員の胸ぐらを掴んでくるとか、蹴飛ばしてくるなんてことも珍しくありません。

それに対して、こちらが暴言で返すことはできません。暴力で返すなんて、やったら大事になるのはまちがいありませんからね。それで、非難されるのは決まって教員です。静かな言葉で対応するしかありませんが、効果は薄い。

そういうことの積み重ねで鬱になっていく教員は少なくないわけです。保護者もいっしょになって攻撃されたらたまったものじゃない。確実に精神を病みます。肉体的に傷つけられて病院に通うという話も、よく聞く話です」

暴言を吐く子、暴力をふるう子は、まちがいなく増えている。教員だけで対応するのは無理な状況になってきているといえなくもない。子どもたちも変わってきているのだ。

だからこそ保護者との協力が不可欠だ、という意見がある。保護者は、我が子の言動について責任をもたなければならないともいわれる。暴言や暴力については、保護者が厳しい姿勢で臨むべきだという意見もあるにちがいない。

それでうまくいくのなら、保護者と協力することは悪いことではない。それが子どもの成長にとって必要なことなら、教員は積極的に保護者との協力を図るべきなのかもしれない。

千葉は連絡帳をマメに書いていたのだから、そこで個々の子どもの言動について保護者に報告することも可能だったはずである。「こういう暴力をふるった」と書けば、保護者が適切な対応をしてくれるかもしれない。しかし、あえて彼女はそんな報告はしなかった。状況が悪化するからだ。

「まちがいなく、状況は悪化します。暴言を吐くような子は、そもそも家庭に問題がある子が多いんです。家で大事にされていないとか、保護者に暴力を受けているケースも珍しくありません。

そんな家庭で、『問題がありました』と学校から連絡がいけば、必要以上に厳しい言葉で叱ったり、虐待にまで発展する可能性さえあります。それが、子どもにとっていいはずがありません。さらに、その子が大人しくなるかといえば、逆の場合が多い。だから、悪いことは保護者に知らせないのを基本姿勢にしていました」

連絡帳や学級通信だけでなく、電話での連絡もしょっちゅうしていたという。そのときも、「いいことだけを報告するように心がけていた」と千葉は言う。

悪いことを報告しても子どものためにならないどころか、事態を悪化させてしまう危険性のほうが高い。さらには、保護者の矛先が教員である自分に向かってくる可能性すらあるのだ。保護者との信頼関係を保つには、悪いことは報告せず、いいことを探し出して話すことを心がけるしかなかったという。「自衛」なのかもしれない。

教員は「助けて」と言えない

そういうことをやっていると、いくら時間があっても足りなくなる。

「休み時間もほぼありません。連絡帳を書いたり、宿題の丸付けをしていました。夕方からは保護者への電話に時間をとられます。文科省だ教育委員会だと上からの調査資料もどんどん降ってくるので、それに記入していくのに、かなりの時間をとられてしまっていました。当然、学校だけで仕事は終わりません。いまは個人情報の問題があって自宅に書類を持ち帰るのが難しくなっていますが、私のころは緩かった。だから、仕事を持ち帰っていました。我が子を保育園に迎えに行くときは、いっぱい仕事の荷物を抱えていましたね。

家では自分の子どもの世話をしてから、夕飯を食べるのも丸付けしながらだし、学級通信を書いたりもする。もちろん翌日の授業の準備もしなければならないので、毎日、午前1時くらいまで仕事をしていました。

朝も早いので、寝る時間がない。吐き気がするほど眠かったです」

そんなに気を遣い、働いていても、学級崩壊は起きる。教員の力とは関係なく、崩壊してしまうクラスがある。だから、簡単に解決策などみつからない。イジメの解決策を簡単に提示できないのと同じことだといえる。

千葉の場合は、5年生を担任したときのことだった。特に問題のある子が2人いて、ひとりは盗みを繰り返し、イジメもすれば暴力もふるう子だった。もうひとりは、少しでも教員に注意されると、すぐキレてしまう子だった。教員にも平気で暴力をふるい、千葉も掴みかかられたり、髪の毛を鷲掴みにされるということが何度もあった。

「とにかく、2人とも反抗的で、私の言うことはきかない。私も黙っているタイプではないので、体罰をくわえることはないけど、口で注意することはしょっちゅうでした。

あくまで私は静かな口調で諭すわけですが、2人の子たちは言葉も荒ければ、机を叩いたり、派手に暴れるわけです。私に暴力もふるいますからね。

そういう光景を見ているクラスのほかの子たちからすれば、私が劣勢に立っているとしか思えない。頼りにならない存在だとしか受け取らないわけです。

そうなると、ほかの子まで私から離れていく。私の言うことをきかない。いつの間にか、暴力をふるう子がクラスのボスみたいになってしまっていました。そうなると、クラスの40人全員から私がイジメられているような感覚になりました。もう1学期の終わりごろには、クラスはグチャグチャな状態でした」

そこまでの状態になる前に、ほかの教員に助けを求められなかったのだろうか。同僚なのだから喜んで協力してくれただろうし、教員が協力すれば学級崩壊も解決することができるだろう、という気がしないではない。しかしそれも、学校の外からしか眺めていないから、部外者だからの、気軽な見方でしかなさそうだ。

「教員は『助けて』と、けっこう言えないものなんです。

特に小学校だと人手が足りない。みんな自分のクラスをもっているので、ほかのクラスのことにまでかかわる余裕がない。だから、迷惑がかかるのを分かっていて助けを求めることができない。

もうひとつには、教員として力不足だと思われたくない。能力がないと思われるのは嫌だし、それは恥だと思ってしまう。だから、『助けて』と言えない」

それでも、そのときは『助けて』と言いました。教員としての経験も15年以上が過ぎていてベテランの領域だったのですが、それでも、どうにもならない。教員になって初めて、『こんな状態になっているので、助けてください』と言いました」

それで同僚教員の全員が協力し、力を合わせて学級崩壊を改善していったかといえば、そうはならなかった。ほかの教員が千葉に意地悪していたとか、冷たい教員ばかりだったというわけでもない。「みなさん、個人的には温かい方ばかりでした」と、千葉は言う。

それでも千葉が望むように力になってくれなかったのは、千葉も言っているように、みんな自分のクラスのことだけで手一杯だったからだ。クラス経営で悩み、必死になっていたのは千葉だけではなかった、ということだ。

「そういうなかで、教頭に助けてもらったことがあります。運動場での体育の時間に、例の暴力をふるう子がキレて、私に暴力をふるってきたんです。あまりにひどくて、隣のクラスの先生が助けに飛び出して来てくれました。でも、その先生も女性で、メガネは吹き飛ばされるし、２人がかりでも暴れる男の子を止められない。

そうしたら教頭が走ってきて、力づくで止めてくれました。もちろん、暴力ではありませんよ。体格のいい男性の先生ですから、小学生を暴れないくらいにはできます」

そもそもムリ

それ以来、千葉が教頭を呼びに行って、来てもらったことも何回かあった。頼んだわけではないが、授業中に廊下から、さりげなく見まわってくれることもあった。暴力的な男の子も、教頭の姿を見れば、むやみに暴れることはなくなった。とはいえ、それで問題が解決するわけでもないのだそうだ。

「クラスを教頭が統制するようなかたちになるのは、それはそれで困ったことなんです。教頭に頼らないとクラスをまとめられないと子どもたちに思われると、ますます私の指導には逆らうようになります。教頭がいなければ授業にならないのでは、何のための担任なのかわからなくなりますから、教員なら誰でも嫌がると思います。私もそうでした」

教頭でなくても、子どもたちは男性の教員だと大人しくなる傾向があるという。男性のほうが指導力があるということではなくて、力で子どもたちを抑えることができるからだ。それが、女性には難しい。体格的にも小柄で見るからに力のない女性教員なら、なおさらだ。そういうところで子どもたちが判断することを否定できない。だから、子どもたちを威圧するような大きな声で怒鳴っている男性の教員は少なくない。ある意味、効果的だからだ。決して望ましい姿だとは思えないのだが、それを望む保護者が存在していることも事実だ。

「6年生の担任になって、初めての家庭訪問のときでした。ある家に伺ったら、お母さんに開口一番に言われたのが、『あなたが担任だと聞いてがっかりしました』だったんです。担任になって1週間も経っていないので、私の担任としての実力は分からないじゃないですか。なのに、そう言われたんです。

理由を訊くと、『女の先生だから』という返事でした。4年生のときに学級崩壊していて、そのときの担任が女性教員だったそうです。そして5年生になって担任が男性教員になったら、崩壊しなくなった。だから、女性教員だと学級崩壊しかねないからがっかりした、ということでした。

なぜ学級崩壊するのか、そんなことは保護者には関係ないんですね。とにかく、クラスを大人しくさせていればいいみたいです」

だから、力で子どもをねじ伏せようみたいな教員が多くもなるのかもしれない。威圧的な態度と声で、子どもたちを大人しくさせようとする教員が少なくないのも、そのあたりに原因があるのかもしれない。それでは、学級崩壊はなくならないだろう。

そして千葉は、47歳で教員生活に終止符を打った。その理由をたずねると、「喜びより苦しみが上まわったから」との答が戻ってきた。では、教員にとっての「喜び」とはなにか、訊いてみた。

「子どもの元気な姿、歌っている姿、楽器を演奏している姿は、かわいくてしようがない。そういう姿に身近に接し、成長を感じられる毎日は、教員ならではの喜びでした」

さらに、千葉は続ける。

「でも、従来の指導の枠には収まらない子どもたちが急速に増えてきています。そういう子たちを40人も担当するなんて、とても無理な状況になっています。

問題を抱えているのは、子どもだけでなく保護者も同じです。教員を責めることしかできない保護者が増えています。指導が足りない、教え方が悪い、うちの子の成績が悪いのは担任のせいだ、なんでもかんでも教員の責任にして、病的なくらい攻撃してくる。

そんな状況にもかかわらず、仕事はどんどん増えるばかりです。英語だとか道徳だ、防災教育だ、減る仕事はなくて、どんどん積み重ねられていくだけ。それでいて、残業代もつかない。

定年まで勤めないで辞める教員は多いと思います。私も含めて、教員を辞める人たちは、学校に希望をなくしたからだと思います。本当に魅力的な職場なら、定年まで働く人がもっと多くていいはずです」

そうやって辞めていく教員たちに、「あなたの責任だ」という姿勢で対応していいものなのだろうか。

6

力ずくで抑えることが「良い指導」なのか

山内 教子（仮名）30代女性

問題を抱える子が集まった結果

「学校での同僚との関係が問題で最終的には教員を辞めてしまった、と言っていいと思います」

山内教子は30代なかばで退職した。最後の学校に赴任して2年目のことだったが、ここでの出来事が彼女に退職を決断させる決定打になってしまったようだ。

その学校に赴任して、最初に担任したのは4年生だった。このときは、さほどの問題もなく、まさか次の年には退職を決断するまでになるとは、彼女自身も想像だにしていなかったそうだ。退職への秒読みは、その学校での2年目、2年生を担任したときから始まっていた。

「30数人のクラスだったんですが、私の目からすれば、そのうち3分の1あまりが特別支援が必要だと思える子でした。私もいろいろなクラスを担任してきましたけど、ここまでのクラスはなかった。あんなクラスはみたことがない。もう尋常ではないレベルでしたね」

問題があるといっても、全員が同じタイプなわけではない。問題があったとしても、普段は穏やかにしている子もいる。そういう子はそんなに手もかからないのだという。ただし、注意を払っておかないと、トラブルを起こしたりする。

難儀なのは、感情を激しく表に出したり、粗暴な振る舞いが目立つ子だ。そういう子はすぐにトラブルを起こす。しかも１人だけでなく、クラスに３人も４人もいた。複数が同じ空間にいるというのが、これまた厄介な状況なのだという。

「お互いがお互いの刺激になってしまうんです。多動傾向の子が目立ったことをすると、それが気になってしまう自閉症ぎみの子が興奮して殴ってしまうとか。お互いが刺激になって問題を大きくしてしまう。

多動傾向の子は可愛らしい子だったんですけど、いろんな子にちょっかいを出すわけです。友だちの気を引こうとして、わざと変な顔をしたりする。だいたいの子は『あんなことしてる』で終わります。しかし自閉症傾向の子は、そういう顔を『自分をバカにしている』と受け取っちゃうんです。そうすると、遠くにいても走ってきて、その子を殴ったり蹴ったりする。どこで見ていたのか、と思うくらい素早くやってくるんです。そういう子は、アンテナの働きも普通ではないんですね」

そういう子に対して、山内はどのように対処していたのだろうか。対応を誤れば、新たな刺激にもなってしまいかねない。火に油を注ぐことになるわけで、難しいところだ。

「そういう現場に何度も遭遇して、よくよく見ていると、殴ったり蹴ったりする子も、ただ乱暴なだけではないことが分かってきました。彼は彼なりの正義を振りかざしているだけなんだと分かってきました。人を馬鹿にしたような行動をとる子から、自分だけでなく、ほかの友だちも守ろうとしていたんです。だからこそ、アンテナを高くしてもいた。

最初は私も、そういう現場を見つけると怒るようなことを言っていました。でもその子は、親にいつも怒られていたんですね。だから大人への不信感が半端なく強い。だから注意されると、いつも怒っていました。『あいつが悪い』の一点張りなんです。

そこで私は、ただ怒るのではなく、丁寧に説明することを心がけました。『あいつが悪い』と言ってきたら、『分かってるよ。先生がちゃんと言うから、あなたは黙っててね。何もしなくていいよ』と繰り返しました。それを何回かやっているうちに分かってくれて、いきなり暴力をふるうようなことはなくなりました。ちゃんと大人が向き合えば、子どもだって理解できるんです」

怒鳴らない指導はダメなのか

ほかのケースについても、山内は語ってくれた。ここでも、自閉症ぎみの子が登場してくる。同じクラスに、とにかく、ちょっかいをだしてくる子がいた。自閉症ぎみの子にちょっかいをだせばただごとでは済まないことが分かっていて、わざわざ手を出してくるのだ。

たとえば、自閉症ぎみの子が走ってくるところに、わざと足を出して、ひっかける。それでいて、「自分はやっていない」としらばっくれる。自閉症ぎみの子は自分の感情のコントロールがうまくできないので、キレてしまう。そうなるとケンカになり、自閉症ぎみの子が逃げる足をひっかけた子を追いかけまわす。それこそ学校中を追いかけまわすくらいの大騒ぎとなった。

「そういうとき、いくら私が制止しても収拾がつきません。とにかく、２人を離すしかない。その後、自閉症ぎみの子を、違う場所に連れて行くのがいちばんいいことに気づきました。特別支援学級の先生が私に協力してくれて、自閉症ぎみの子が感情のコントロールができなくなると、特別支援学級で預かってもらいました。その環境で感情のコントロールができるようになって、そこでは静かにできるようになりましたね」

クラスに多くの問題を抱えた子たちがいて、精神的にも肉体的にも気の休まらない毎日だったにちがいない。そうしたなかで山内は、どうしていたのだろうか。あっちの子にかまったら、すぐにこっちの子と動きまわっていたのだろうか。声がかれるくらいに怒鳴りまくっていたのだろうか。

「大きな声で怒鳴るとか、頭ごなしに叱ったり抑えつけたり、そういうことをしないように心がけたし、実際、やりませんでした。

というのも、問題を抱えている子たちは大人たちへの不信感をもっているし、信頼していないからです。だから、とにかく信頼を取り戻すことが大事だと考えていました。頭ごなしに大人しくさせようとしないで、静かな言葉で正面から向き合うようにしたので、時間はかかるけど、落ち着きを取り戻していきました」

山内も言うように、それには時間がかかる。頭ごなしに抑えつけられないので、子どもたちは騒ぐし、トラブルを起こしたりもする。それに対して、ほかの教員からの風当たりは強かったようだ。

「特にひどかったのが、そのクラスの前の担任でした。1年生のときの担任ですね。1年生のときには問題のなかったクラスかといえば、そんなことはなかった。ただ、その担任が頭から抑え込んでいただけです。

あとになって聞いたんですが、怒って怒って怒鳴りまくる人だったようです。隣のクラスの先生は、その担任の怒鳴り声で自分のクラスの子たちまでが怯えるので、ずっとドアも窓も閉めきりにしていたそうです。それくらい頭ごなしに抑えつけて、子どもたちを大人しくさせていたにすぎない。私とは対象的な方でした。1年生と私が担任していた4年生とは建物の階が違っていたので、そういうクラスだと私は知らなかったんです。そういう引き継ぎもなかった。

その前の担任が職員室で、『私のときには、大人しいクラスだった。あんなことはなかった』とか大声で言うわけです。私のクラスが騒いでいると、その前の担任がやってきて怒鳴るなんてことも、何度もありました。怒鳴られれば、子どもたちも前の記憶があるから、かたちだけは大人しくします。前の担任からすれば、『ほら、ごらんなさい』というわけです。私にしてみたら、それでは何の解決にもならないと思うんですけどね。その前の担任には私の考え方を説明したこともありますけど、まるで耳を貸さない。私より若くて経験も浅い先生だったけど、『自分は大人しくさせていた』という自信があったんでしょうか」

ほかの教員の反応はどうだったのだろうか。1年生のときには担任が怒りまくって大人しくさせていたのを知っている教員もいるのだから、それに反対する考えをもった教員がいてもおかしくない。そういう教員は山内に味方してもいいはずである。

そうでなくても、職員室で同僚の悪口を大声で言うような行為を放っておけるものなのだろうか。直接に注意しなくても、それを咎めるような雰囲気があれば、そういうことがまかりとおるはずはないような気がしないでもない。

しかも、場所は学校である。子どもたちに「友だちの悪口を言ってはいけません」という指導をしているはずである。にもかかわらず、指導する側である教員が、堂々と同僚の悪口を言っている。それを許しているのが職員室というのも、どうにも合点がいかない。

「教員の多くは、自分たちが『できる教員』と評価されることが、いちばん大事なんですね。それは研究授業を熱心にやるとか、クラスで問題を起こさせないとか、そういうことが評価されると思っている。だから、頭ごなしに抑えつけて、無理やり子どもたちを大人しくさせようとする。

それができない教員、問題ばかり起きるようなクラスにしている教員は、『ダメな先生』とか『自分より劣る先生』としか思っていない。『担任の力がないから、ああいうクラスになる』と言う先生もいました。私にしてみれば、『自分の評価ばかり気にして、子どもたちは大事ではないのか』と言いたいんですけどね。

冷たい視線が多かった。全員ではないんですけどね。私の考えに理解を示す先生もいないではないんですが、自分まで冷たい視線で見られるのがイヤなのか、黙っていましたね。

そういう職員室だから、私は居づらかった。子どもたちから目を離すと必ず問題が起きるということもありましたが、ほとんど教室にいました。職員室にはいたくなかった」

そういう職員室に対して、校長がどういう姿勢、行動をとるのか興味をもたないわけにはいかない。職場づくりは校長の責任のはずなのだから、そういう職員室の状況を望ましいと考えていたとは思えない。

大人しくさせることを押し付ける管理職

教員のあいだで問題が起きていれば、そこで解決に努めるのが校長の役割ではないのだろうか。また山内のようにクラス運営で悩んでいる教員がいるのなら、校長が手を貸してもおかしくない気がする。

「もちろん、校長にも相談しました。でも、当時の校長は自分で責任をとりたがらないというか、何もしたがらない人でした。そして、クラス運営がうまくいっていないと、『担任の力不足だ』と決めつけるタイプでした。そういう校長だから、校長の機嫌を損ねないために職員室全体が私に冷たかったのかもしれません」

山内が校長に相談すると、「あなたと児童の関係が悪いからじゃないか」とも言われたそうだ。「あなたが悪い」という言い方でしかない。「一緒に考えてみましょう」という言葉も素振りさえもみせなかったそうだ。

暴力的な子についての対応でも、山内が校長から一方的に責められたこともあるという。あまりにひんぱんに暴力をふるうので、あるとき山内は親に電話した。学校だけで解決できる問題ではないから、親に連絡するのは当然なので、彼女は電話したのだ。それについて、校長から呼び出された。

「校長からは、『本人に了解をとって電話したのか』と責められました。本人とは、暴力をふるった子です。問題を起こした小学校2年生の子に、『家に連絡していいですか』なんてたずねますか？　『ダメ』と言われたら、連絡しないんですかね。

さすがに私も納得できなかったので、『校長先生は、そうしていたんですか』とたずねましたよ。もともと中学で教えていたようなんですが、『私が中学にいたときには、そうしていました』という返事でした。中学生と小学生は違うし、中学生でも本人の了解をとらないと親に連絡しないなんて、ありますかね。さらに、『ほかの先生にも、そういうやり方をするように指導されているんですか』と訊いたら、『私はあなたのやり方について話をしている』と言って答えない。私を責めているだけにしか、私には聞こえない」

そもそも山内が子どもの親に電話したことを校長が知ったのは、前の担任から聞かされたからだという。「いまの担任は嫌いだ。親にぜんぶ言うから」と、その暴力が多い子が前の担任に話したらしい。話せる関係があったのかもしれないが、そう言われて前の担任は、なぜ親に電話されたのかを、その子にたずねるでもなかったらしい。どういう事情で電話したのか、山内に訊いてくることもなかった。まずは、そういうことをすべきだったのかもしれない。しかし、それらを省いて、校長に報告した。

校長も、事情を丁寧に調べることをしないで、いきなり先ほどのような言い方で山内に詰め寄ったことになる。山内はさらに孤立感を強めることになった。

あとで分かったことらしいが、その暴力をふるっていた子は、親から暴力をふるわれていたらしい。親に電話した時点では、山内も知らなかった。山内から電話がいけば親に暴力をふるわれることになるのだから、その子が山内を「嫌いな先生」と言うのも当然だ。

家庭で虐待まがいのことを受けていることは、前の担任も知らなかった。もちろん、校長も知らない。それが分かったのは、校長と揉めたあとに、学童クラブから山内に報告があったからだという。子どもの状況を知らないで、校長と前の担任は山内だけを責めたことになる。

縁を切りたくなった

それにしても、あまりにもギスギスした人間関係にしか思えない。これが学校では普通なのかと、考えないわけにはいかない。保護者にしてみても、教員同士の関係がこんなふうになっているとは、想像だにしていないかもしれない。

「私が初任のころは、学校現場はもっと余裕があった気がします。年配の先生も多くて、かといって頭ごなしな言い方をされるわけでもなくて、逆にいろいろなことをやるのを応援してくれましたね。学習指導要領にないことをやっても、面白がって、応援してくれたりもしました。だから、新米の教員も自分の頭で考えて、いろいろ経験を積むことができたと思います。

でも最近の教員は、とにかく自分が評価されることしか頭にない。子どもたちを力で抑えつけているだけなのに、そうは捉えていない。それが正しいと信じ込んでいるし、自分の実力だと思っている。

先輩教員の言うことなんかまるで聞かない。『こういうやり方もあるよ』と言われても、まったく聞こうとしないで『私はこれでやります』と頑固です。それでうまくいけばいいけど、そうでないことも多い。それでも評価されたいから、表面だけを取り繕うことになる。子どもたちを力ずくで大人しくさせようとするなんて、まさに象徴的ですよね」

ともかく、同僚たちにも助けてもらえないどころか、「ダメな先生」という冷たい視線ばかりを浴びせられ、校長も助けてくれない。そんな環境に嫌気がさして、山内は辞めるという選択をすることになる。

「辞めるなら、10月くらいには意思表示しておく必要があるので、校長に伝えました。そのときも校長は、辞める理由を聞いてくれるわけでもないし、もちろん引き留められもしませんでした。校長にしてみれば、問題を起こさない教員だけがほしい。私は問題を起こす教員だと思われていたので、さすがに『辞めろ』とは言えないけれど、『辞めてもらって助かる』くらいにしか受け止めていなかったんじゃないでしょうか。

私のほうも、『こんな校長とは1日でも早く縁を切りたい』と思っていましたからね。自分の評価だけを気にして、私に冷たい教員とも一緒にいたくなかった」

子どもたちはどうだったのだろうか。担任した当初のころは「尋常でない」状態だった子どもたちは、山内が接することで変化はあったのだろうか。

「だいぶ変わりましたね。

どの子がどんなときにスイッチが入るのか、こちらも分かるようになってきていたので、対応するタイミングが的確になっていましたしね。抑えつけるのではなく、どうやれば話を聞いてもらえるか、やり方も分かってきていました。頭ごなしにやらなくても、一人ひとりと向き合えば方法はあるんです。

保護者とも話し合って、一緒に改善策を考えてもらいました。保護者は前向きな方ばかりで、こちらがきちんと話をすれば、きちんと応えてもらえました。普通学級にいるよりも特別支援学級に移ったほうがいい子は、保護者と相談して移ってもらいました。あんなに落ち着かなかった子が、特別支援学級に移ったら、とても落ち着いていました。

クラス全体としても、どんどん落ち着いていきました。学年末のころには、私が大きな声で指示をしなくても、時間になれば自発的に席について大人しく待っているようになっていました」

そういう山内の「実績」には、校長や同僚の教員たちは興味をもたなかったようだ。経過ではなく、現象だけにしか興味がないからかもしれない。山内が担任した当初の現象、問題が多いクラスという現象だけでしか判断しなかったのかもしれない。そういう校長や同僚たちだったから、「縁を切りたい」と山内は考えたのだ。

7

仕事がだんだんに楽しくなくなっていくなかで

大久保 量子(仮名) 50代女性

介護か仕事か

大久保量子が教員を辞めたのは、50代になってからのことだった。すでにベテランである。辞める決断をした直接のきっかけは「介護」ということになるのだが、もっと言えば「介護と仕事を両立できない教員の環境」だったといえる。そういう環境になってきていた時代の流れだったのかもしれない。

「父親が亡くなって、母親の介護に時間を割かなければならなくなりました。母親が少し離れた土地に住んでいることもあって、教員を続けながら介護もやるのは、とても無理だと判断して辞めました。それから数年後に母親も亡くなるのですが、その間、教員の仕事を辞めて学校とは関係ない非常勤の仕事をしていたので時間的にも精神的にも余裕ができ、しょっちゅうかかってくる母親からのややこしい電話にも対応できたし、病院への付添もできて、私なりにちゃんと介護ができたと思っています。教員を続けていれば、そんな余裕はとてもないので、後悔することになっていたかもしれません」

と、大久保は言った。父親のときはたいへんで、介護のために実家に戻りたくても、教員の仕事が忙しすぎて、なかなか思うようにいかなかった。それでも毎週末には無理して実家に行くが、そうすると学校の仕事がたまってしまうので、精神的にも肉体的にも辛かったという。

「介護休暇を取ろうか迷いました。3ヶ月くらいであれば介護休暇を取れる制度だったと思いますが、父の容態がどうなるか分からないので、いつまで介護が必要なのか分からない状況だったので、迷いました。

それで、校長に相談しました。校長には即座に反対されました。私が長期休暇をとった場合、代わりの人に来てもらえるかどうか分からなかったからだと思います。

介護休暇をとろうか迷っていたのが新学期が始まったばかりのころでしたが、結局、その夏に父は亡くなります。そして母の介護が始まるわけですが、ちょうど担任していたクラスが2学期からたいへんになってきて、それを投げ出して辞める気にはなれず、その学年が終わるまでとどまりました。3学期にはクラスも落ち着いていたので、そこまで辞めなかったのは正しい選択だったと、いまも思います。

私が教員になったばかりのころにくらべて、学校もずいぶん変わってきてしまっていました。教員を辞めることを考えたのも、もしかしたら、それと無関係ではないかもしれません」

彼女が教員になったのは、母親も教員で、親戚にも教員が多かったことが少なからず影響していたようだ。教員になる意思を明確にもっていたわけではなく、教員という仕事が身近だったせいもあってか、なんとなく大学を決める段になって教育学部を選択し、無事に合格することができた。

「でも、大学に入ってから、友人とかから刺激や影響を受けましたね。仲のよかった子が子どもたちに『真実と人間らしさを求める作文教育の実践』を目標にしている日本作文の会に関係していて、そういう話を聞かされました。ほかにも教育関係のいろいろな活動をしている知り合いがいて、刺激されました。教科書だけを教えるのではない、本当の教育というものについて考えました。

それで教員になりたいと本気で思うようになったし、子どものためになる教育をしたいという理想もありました。生意気にも、教員になって学校を変えてやると本気で考えていたんですよ。ただ、いざ教員になってみると、日々の業務に追われて、それどころではなくなるんですけどね」

私は発達障害？

まず何がたいへんだったかといえば、時間で動かなければならない学校での生活そのものだ。「自分はＡＤＨＤタイプの人間なんですよ」と、大久保は言う。

ＡＤＨＤとは、「注意欠如・多動症」などと訳されている。集中力がなかったり、じっとしていられない、思いつくと行動してしまうといった症状だという。病院で診断を受けたわけではないが、自分の行動を振り返ってみると、そういう「障害」ではなかったかと、大久保は思うのだそうだ。

最近は子どもの多動症などが話題になり、問題視されたりする。しかし、「私も小学生くらいは多動でしたよ」と言う大人は珍しくはない。ともかく大久保も、自身が「褒められた教員」ではなかったと思っているのかもしれない。

「まず、朝がたいへんでした。朝8時くらいに、遅刻しないように学校に行くのがたいへんだったんです。遅刻ギリギリで慌てて走るなんてしょっちゅうでしたから、その姿を保護者にも見られていたはずです。いまなら、クレームが殺到しているところかもしれませんね」

それでも間に合えばいいのだが、間に合わないこともある。しかも、絶対に遅れてはならないようなときに失敗してしまう。大久保が笑いながら続けた。

「遠足の日に遅刻したことがあるんですよ。早く行かなきゃいけないのに、たまたま目覚ましが壊れていて、それでも普段どおりに起きられたので、普段の時間に行ったわけです。ところが、普通なら校庭で子どもたちが遊んでいるはずなのに、1人も姿が見えない。変だな、と自分でも思いましたよ。

そうしたら教頭が飛んできて、『もう出発したよ』と言うんです。それで遠足の日だったと思い出した。教頭も怒っていて『タクシーで追いかけろ!』と言われて、そうしましたよ。なんとか、途中で合流できましたけどね。当時はいまと違って、保護者も子どももおおらかだったので、大事にならずに許してもらえました」

だんだんに楽しくなくなっていく仕事

そんな大久保だが、教員という仕事に大きな支障があったわけではない。それどころか、仕事が楽しかった、と彼女は言う。

「忙しいのは初任からずっとでしたね。若いころは体力があるし、翌日の授業の準備なんて20代のころは楽しかったから、勤務時間が長くなって帰りが遅くなっても苦になりませんでした。

でも、だんだんに楽しくなくなって、たいへんに感じる仕事が増えてきたのも事実です。評価システムが変わって、自己申告というか、今年度の自分の目標を文章として提出しなければならなくなりました。目標といわれても簡単に決められるものではないし、それに基づいて評価されて給料にも影響してくるので、提出しないわけにはいかない。意味があるとも思えないし、苦痛だけでしたね。

アンケートみたいなものも増えていきました。多くなれば、それだけ割かなければいけない時間も増えます。意味があると思えないようなものを、こまごまと調べて集計して提出しなければならない。もちろん、楽しくないですよ。かなりの負担でした」

さらに、保護者と連絡をとるにも手間がかかるようになっていく。個人情報の扱いに慎重さが求められるようになったからだ。大久保が新任のころならクラスの連絡網をつくり、それを使って連絡事項をまわせば済んでいた。それが使えないとなると、子どもたちに連絡のプリントを渡し、保護者が受け取った証拠の印鑑をもらってこさせ、それを確認することになる。それだけでも手間だが、忘れる子もいるので、手間は何倍にもなる。

「たとえば子ども同士のトラブルがあって保護者に連絡すると、『相手の保護者に謝罪したいから電話番号を教えてくれ』となります。しかし簡単に教えてはいけないことになっているので、先方に確認の連絡を入れて了解をもらい、それを先の保護者に伝えるといったことになるんです。どんなことでも、私が初任のころにくらべれば、かなり手間がかかるようになってきたし、それだけ教員の負担は増えるわけです」

変わってきたのは手間の数だけではなく、保護者も変わってきている。それがまた教員の負担を、どんどん重くしてきている。

電話連絡するにしても、共稼ぎの家庭が増えていくなかで、連絡がとりにくい。帰宅を待って連絡し、それから相手にも連絡し、両方のつなぎ役までやっていると、夜もかなり遅い時間になってしまう。そのあいだ、職員室にいなければならない。

それだけでなく、質ということでも保護者は大きく変わってきたそうだ。

「初任からしばらくは、子ども同士のトラブルがあって連絡帳で保護者に連絡すると、『子どもに訊いてみたら、こういうふうに言っています。相手のお子さんの説明と合わせて判断いただけますか。よろしくおねがいします』みたいな返事が戻ってきていたんですね。それが、頭から『我が子が正しい』という姿勢になってきた。最初から、相手の子に対する怒りをぶつけてくる方も増えましたね。

イジメの問題が報道されるようになって、我が子がイジメられることを心配される。それで、細かいことでもしょっちゅう問い合わせてくる保護者も増えました。ただし、そういう保護者の方は、自分の子がイジメられることは気にするんですが、自分の子がイジメる側にいることには無頓着なんです」

そこで調整役を果たさなければならない教員の精神的、肉体的な負担は半端ないものになる。かなりの時間もとられるし、そんな問題が起きるのは珍しいことではないので、保護者と連絡をとっている時間は必然的に長くなっていく。楽しいわけがないし、長時間勤務となってしまう。

変わってきた子どもたち

授業についてはどうだったのだろうか。「学校を変えてやる」という意気込みで教員になった大久保だったわけだが、変えることはできたのだろうか。

「最初は、教科書に縛られない授業づくりをやっていました。たとえば割り算でも、割り算の『やり方』を教えるのではなくて、『自分なりの割り算を解く方法を考えてみよう』みたいな授業をやっていました。

小学校の低学年で『生活科』の授業も新設されようとするころで、教科書に縛られない授業をやる先生も少なからずいらっしゃいました。私も先輩教員の方々の実践を学びながら、少しずつですが、やっていました」

生活科は、1989年に改定されて92年度から施行された学習指導要領で、小学校1年生と2年生に設置された教科である。子どもたち自身と社会とのかかわりや、自然とふれあい、体験することから主体的に学ぶことを目的にしている。正式な科目となる前から、その考え方は支持を集め、いろいろな実践が生みだされている。大久保もそうした実践の一翼を担っていたことになる。

しかし流れは、こうした子ども主体の教育とは逆の方向へと向かっていく。98年に改訂されて2002年度から実施された学習指導要領では、それまでの詰め込みではなく、子どもたちの自主性を尊重するゆとりある教育を目指すはずだった。いわゆる「ゆとり教育」である。ところが、学力低下論議を背景にして批判され、本格的な実施の前から詰め込み型の「学力優先」へと揺り戻しが起きていく。

そうしたなかで大久保のように、教科書どおりではない、教員の工夫による授業はやりにくくなっていく。そういう流れになっていくなかで、大久保は初任から数えて3校目の学校にいたが、なかなか自分が理想とする授業はできなくなっていった。

「いまの小学校では、『授業内容は学年でそろえましょう』というかたちになっていると思います。保護者への説明責任もあって、いまはこういう進度でこういうふうに取り組んでいます、と報告できる内容でなければならない。教員が自由に工夫する余地が、ほとんどありません。私が3校目にいるころから、その傾向がどんどん強まって、自分の工夫する授業はできなくなっていきましたね」

大きな流れの変化もあったが、その学校の環境もあったという。問題を抱えている子が多くいる地域的な特徴もあって、子ども主体の授業そのものが成り立ちにくい状況だったという。

「それまでにも、勉強が苦手で自信をもてなくて、授業の内容が分からなくてシュンとする子はいました。しかし3校目では、シュンとするのではなく、分からないからとキレて暴れ出す子が珍しくなかったんです。そういう子を目の当たりにするのは、初めての経験でした。朝礼のときに、3年生か4年生のクラスに騒いでいる子がいたので、私が担任するクラスではなかったけど、『静かにしてね』と注意すると、その子が舌打ちしたんです。小学校の3年生か4年生ですよ。私の想像もしなかった反応で、本当に驚きました。

そういう学校だったんです。そこで子ども主体で、子どもに考えさせる授業をやると、もうめちゃくちゃになる。とても、授業にならない。教科書どおりの決まりきった授業をやって、とりあえず大人しくさせるしかない。私も方向転換せざるをえない状況でしたね」

経済格差がいわれるなかで、それによる地域差も広がりつつある。それによって、子どもたちも大きな影響を受けることになる。そういう事情も否定できないだろうが、子どもたちそのものも変わってきているのではないだろうか。保護者にも変化があり、子どもにも変化がある。そうした変化に学校は対応しようとしているのだろうか、それとも学校そのものが変わってきているために、それに呼応して保護者や子どもたちが変化しているのだろうか。

ともかく、「学校を変える」と意気込んでいたころに目指していた授業を、大久保もあきらめざるをえないような状況だった。それでいて学校の雑務や保護者対応、子どもたちが起こすトラブルの処理と、授業以外の仕事はどんどん増えていく。

「楽しいはずがないですよね。おまけに年齢とともに体力も落ちてくるので、身体的にもきつくなって、ますます辛くなるばかりでした」

忙しくても「楽しい」と思えていれば……

そして、4校目の学校に赴任することになる。ここが、大久保にとって教員生活の最後を迎える学校になるわけだ。3校目の学校でひどい目にあって、新しい赴任先で大久保は再び楽しいという気持ちを取り戻すことができたのだろうか。

「まったく逆です。3校目よりももっとひどい状態でした。どの学年を担任したときにも、クラスに問題児的な子がいました。ほかの子も落ち着いているわけではないので、常に気を張っている毎日でした。

始業は朝8時半ですが、8時になれば子どもたちを教室に入れます。しかし子どもたちだけにしておくと必ずトラブルが起きるので、私も8時から教室にいなければならない。ほかの教員も同じでしたね。

8時には教室に入るので、授業で使うプリントの印刷などをしようと思えば、それより前に学校に行かないと作業ができません。放課後も大半の教員が残業しているので帰りづらい雰囲気だったこともありますが、仕事もあるので、私も遅くまで残って仕事していました。

それでも終わらないので、家に持ち帰ることもたびたびでした。

そのうえ、問題を起こした子の家庭訪問などもあるわけです。毎日が12時間以上労働でした」

忙しいのは朝と放課後だけかといえば、もちろんそんなことはない。常に次のことを考えながら、それこそ分刻みで時間を意識して指示をだしていかないと子どもたちは動かない。気を抜くと、トラブルを起こす子が必ず出てくる。

「授業をしながら、気になる子に注意を払いながら、そのあとにやるべきことの段取りを考えている状態です。段取りや準備を周到にしておかないと、すぐに子どもたちが騒ぎ出すので、精神的にもかなり疲れましたね。気分は毎日、戦闘モードですよ」

そういうなかで父親の介護が始まり、続いて母親の介護もしなくてはならなくなるわけだ。12時間以上労働の毎日に介護が加わるのだから、どう考えても続けていくのは無理だったといえる。せめて、楽しいと思える授業ができていれば、気持ち的には違ったかもしれないが、大久保にとっては楽しくない毎日でしかなかった。

教員を辞めることで、大久保は精神的にも肉体的にも崩壊を免れたのかもしれない。そして、介護という親孝行もすることができた。その意味では、よい選択を大久保はしたのかもしれない。しかし、そういう選択をさせてしまった学校への疑問は残る。

8

突然の辞任勧告……しかし、教職はあきらめない

片瀬 ゆみ（仮名）30代女性

「黙って印鑑だけ渡せ」

「副校長に呼ばれて、『退職届はこちらで書いておくから、黙って印鑑だけ渡せばいい』と言われました」

と憤懣やるかたないといった表情で語ったのは、片瀬ゆみだった。そう言われて頭のなかが真っ白になってしまった彼女だったが、かろうじて「辞めろということですか」と聞き返した。しかし、それに対する返事は何もなく、沈黙が流れた。重苦しい雰囲気のなかで、彼女としては印鑑を渡すしかなかった。彼女の怒りはおさまらない。

「それで自主退職にされてしまったんです。この自主退職が後々まで影響するとは、そのときは思ってもみませんでした。いま考えても、本当に腹が立ちます」

地方で育った片瀬が教職を目指したのは、中学、高校時代の恩師から「先生になればいいんじゃない」と勧められたからだ。成績もよかったにちがいないが、性格的にもしっかりした生徒だったことがうかがえる。それで、大学の教育学部に進学した。

「でも、私としては、どうしても教員になりたかったわけではありません。大学での授業はおもしろかったんですけど、『うまくやっていけるだろうか』という思いが常に頭の隅にありました。教職よりほかの仕事のほうが楽しそうだな、と考えたりもしました。実際、教職以外の就職活動もしたんです」

そんな彼女だったが、結局は小学校の教員の道を選ぶことになる。最終的に彼女を決意させたのは、地元の学校でやった教育実習だったという。

「地方だからなのかどうか、とにかくゆったりとした学校でした。1クラスが20人もいないし、1学年1クラスという学校でした。先生たちも午後4時45分になると、みんな自分のカバンを抱えて席に座っているんです。

終業のチャイムが鳴ると『さようなら』って帰っていく。それを過ぎても残っていると、『5時半には鍵をかけるよ』と教頭に言われて帰らされてしまうんです。

そんな雰囲気でしたから、教員と子どもたちの関係も穏やかなものでした。私もゆったりと実習ができて、ちょうど運動会の時期だったので、練習にもつきあって、子どもたちが最初はできなかったことが少しずつできるようになると私まで嬉しくなって、『教員をやりたい』と本気で考えるようになりました」

そういう雰囲気の学校で働けていたら、彼女も学校に失望することはなかったのかもしれない。印鑑だけを渡して退職させられるような、ムチャクチャとしか言いようのない扱いを受けることもなかったにちがいない。

「ゆったりした学校」などなかった

彼女が採用試験を受けたのは、地元ではなく東京だった。しかも、最初の採用試験では不合格となってしまう。仕方なく、彼女は産休代替として登録し、大学を卒業した年の8月から小学校で働きはじめる。

「理科の専任で担任はないので、大学を卒業したばかりで最初の仕事としてはいいかな、と思っていました。1クラスあたりでは週に3時限の理科を担当するだけでした。子どもたちも問題を起こすようなことはありませんでしたね」

それでも、最初の赴任校では驚きの連続だったという。教育実習で経験していた「ゆったりとした学校」とは、あまりにも違っていたからだ。

「文科省がやる全国学力テスト（全国学力・学習状況調査等）の成績に、とにかくこだわっている学校でした。地域でも成績下位の学校だったので、少しでも成績を上げるために校長は教員の尻を叩いていました。もちろん、子どもたちも対策のためにテスト漬けの状態です。

教育委員会からも指導主事が定期的に授業を視察しにくることになっていて、それに併せてベテランから新人まで指導案づくりに追われていましたね。私も全体では週22時限の授業がありましたから、それなりの指導案をつくらなければならないのですが、新人なのでよく分からない。誰かにたずねたくても、みなさん、自分のことが手いっぱいで声はかけてくれないし、こちらから声をかけられる雰囲気でもありませんでした。

　これが正規採用であれば、指導担当がいて教えてくれるんでしょうけど、非正規だと指導担当もいません。仕方がないので、外部の知り合いの先生に教えてもらいに行っていました」

　こんなぐあいだから、教員の退勤時間も遅い。教育実習をした学校のように午後4時45分で退勤など、別世界の出来事のようだった。学校は午後9時に閉められてしまうが、ほとんどの教員が最後まで残っている。

　片瀬は専科なので、担任をもっている教員にくらべれば仕事量は少ない。それでも、早く帰らず、同じように9時まで残ることが多かった。

「新人だったので、生徒が提出したノートのチェックが終わらないなど、時間がかかっていました。それに、みんなが残っていれば帰りづらいというのもありましたね」

　そんなに熱心に夜遅くまで、教員が全国学力テストでの成績を上げるために取り組んでも、そうそう簡単に順位が上がるわけでもない。さまざまな問題を抱える子どもたちも多かったからだ。

「学力テストがダメなら、スポーツテストで上位をとる、とか校長は言ってましたね。それで、子どもたちに毎日、腹筋をやらせている。そんなに毎日やってどうするんだ、と私は思っていました。実際に言葉にはできませんけどね」

と、片瀬。とにかく地域の学校間で、すさまじいまでの競争があったわけだ。「ゆったりした雰囲気」など、そこに存在する余地などあるはずもなかった。

しかし、その学校での「ゆったり感のなさ」など、まだまだ生ぬるかった。この学校で2学期、3学期と勤めて、新年度からは別の学校へ異動となる。やはり東京都内の小学校で産休代替だったが、今度は3年生の担任だった。

ここで、冒頭のような副校長からの退職勧告を受けることになるのだ。

初めての担任である。その学校の職員室は、彼女の言い方を借りれば「体育会系」だったそうだ。

「先生たちも熱心というか、自分の評価を上げることに熱くなっていました。授業研究会で良い発表をすると評価が上がるので、誰もが率先して手を挙げるんです。

私はやりたくないので、『そのうちやらせてもらいます』と言って、避けていましたけどね」

そんな感じだから、教員の勤務時間も長い。若手は朝6時半に出勤するのが暗黙の了解になっており、夜も終電間際の11時半くらいまではほぼ全員が残っていた。

「ただ、チームプレーとはほど遠い感じでした。個人プレーであり、お互いがお互いを監視している雰囲気でした。だから、早く帰らなかったのかもしれません。

職員室での会話は、『あのクラスは落ち着いている』とか『荒れてきた』とかのチェックです。荒れてきたなら助言するとか手伝ってやればいいと思うんですが、そういう雰囲気じゃない。それどころか、『あれは担任してるあいつのああいうところが悪いからだ』とか平気で言ってる。私からしたら、もう『怖い』しかありませんでした」

そして辞任勧告へ

職員室で批判的なことを言われれば、それが自分の評価にもつながる。居ないところでは何を言われるか分からないので、それもあって早く帰れなかったのかもしれない。そして、悪口を言われないためにも必死になるしかないのだ。

それが子どもたちのためになることなら、肯定できることなのだろう。そのように片瀬も評価してたのなら、「切磋琢磨」くらいの言葉を使ったのかもしれないが、彼女は「監視」という言葉しか使わなかった。教員同士が相互監視して、どういうクラスづくりがされていたのだろうか。片瀬が続けた。

「高学年のクラスなんて、まさに『一糸乱れぬ』という表現がピッタリくるような動き方をするんです。朝礼での並び方なんてピシッとしすぎていて怖いくらい」

それを子どもたちにやらせるために、教員が大声で怒鳴りながら指導しているのかと思えば、そんなことはなかったらしい。教員が大声を出すこともないし、うるさく指導している様子もなかったという。

「教室の外で担任が大声を出していると、それだけで『指導ができていない』とマイナスポイントになりますからね。だから、人前で教員は怒鳴ったりしません。それでも、あれだけ子どもたちはビシッとやっているので、教室でこっそり怒鳴っていたんだと思います。学校全体でルールがあるわけではないので、それぞれの先生が独自にやっている。だから、評価につながるんでしょうけどね」

授業のほうも、ビシッとやられていた。片瀬は空き時間にはほかのクラスを観に行くように言われていたので、よく授業参観に行った。学校からすれば、「観て覚えろ」ということなのだろうか。その授業もすごかった。

「普段の授業も、まるで研究授業みたいな、しっかりとした構成で進行されていました。キッチリと、スケジュールどおりの授業がやられていました。こんな授業をやっていれば、準備のために終電間際まで仕事しなければならないんだろうな、と思いましたね」

ただ、公立の学校なのだから、子どもたちの質がそろっているわけではない。キッチリとした授業に、全部の子どもたちがついていけるはずがない。それを片瀬はどのようにみていたのだろうか。

「分からない子は分からないなりに座っていれば、なんとかなっているようでした。分からないなりに理解しているという意味ではなくて、分からなければ大人しくしていればいい、との意味です。

授業が分からなかったり、つまらなくなったりすれば、授業を妨害してみたり、席を離れたりする子がいるものですよね。でも、そんなスキも与えない雰囲気を教員は醸し出していました。そういうのが高く評価されるんですね」

それと同じことが、大学を卒業して間もない理科の専任しか経験していない片瀬にも求められた。新任でもないので、指導してくれる担当教員がいるわけでもない。新任だったとしても、臨時採用なので正規採用のように担当教員はつかない。「観て覚えろ」しかないわけだが、観ただけで覚えられれば苦労はない。

「学ぼうとしました。先輩の先生方にいろいろ質問したんです。子どもたちの惹きつけ方、興味のもたせ方で参考にしたいところはあったので、それを教わろうとしたんです。

ところが、その反応にビックリしましたね。教えてもらえるのではなくて、『あいつはできないやつだから俺がやってやる』という流れになっていくんです。学んだことをやろうとしたんですけど、そのチャンスがない。授業を盗られてしまうんです」

同僚の教員たちにしてみれば、教えても、片瀬のポイントにはなっても、自分の評価にはつながらない、と考えたのかもしれない。誰かが失敗した授業を立て直せば自分のポイントになる、との意識が働いたのかもしれない。ともかく、教えてくれる、助けてくれる同僚はいなかった。

授業だけではなかった。クラスのなかに、家庭が複雑な子が1人いた。大人に構ってもらいたいとの気持ちが強いのか、大人が困るようなことをわざとやる。

授業中に歩きまわってみたり、窓を開けて外に向って「俺は死んでやる」と叫んだりもする。担任が初めての経験だった片瀬にとっては、大問題だった。

「もう焦っちゃって、『この子をなんとかしてあげなきゃ』という気持ちでいっぱいになっちゃったんです。普通の大人なら、そういう気持ちになりますよね。

その子が何かやるたびに、すぐ対応していました。ただ、怒鳴ったり、強制的に席に座らせるようなことはしませんでした。『どうしたの。ちゃんと座ろうね』と、正面から向き合うように心がけていました」

そうしていたら、歩きまわったり、授業中に教室を飛び出していくのが、その子だけではなくて、次々に現れるようになってしまった。ほかの子にしてみれば、その子だけに片瀬が構っているのが面白くなかっただろうし、何より怒鳴られたり、怒られることがないと知ったことが大きかったのかもしれない。

「1年生、2年生と檻に閉じ込められるような生活だったのに、3年生になって私が担任になったら、『檻がなくなった』と子どもたちは受けとったのかもしれませんね」

と、片瀬。いわゆる「学級崩壊」の状態である。それは副校長にとっては面白いことではなかった。自分が管理職を務める学校で学級崩壊が存在することは、彼自身の評価を下げることだったし、「恥」にもなりかねないからだ。

それでも、授業を片瀬から取り上げたように、学級運営に対して副校長、もしくはほかの教員が手を伸ばしてくるかといえば、そんなことはなかった。副校長の攻撃は片瀬に集中した。

片瀬は副校長に言われたことをメモに残している。そのメモには、次のようなことが並んでいる。

・アルバイトじゃないんだから、給料に見合った仕事をしろ
・社会人失格
・人間性を疑う

・人間として魅力がない
・あなたの受けてきた教育のすべてが適切ではなかった
・日本語の勉強から始めろ

「本当に毎日が辛かった。どうにかして私を一人前にしようという気持ちは、微塵も伝わってこない言い方でした。

何をどうしろ、ということもない。ただ社会人失格とか人間として魅力がない、といった言葉を投げつけられるんです。

あんなことを毎日言われつづけて、心が折れそうでした。実際、折れました。それでも、2学期からどうにか立て直して、がんばろうと思っていた1学期の終わりのことでした。辞めろ、と言われたんです」

辞表は用意するから印鑑を渡せ、と言われたのだ。辞表を書け、ということでもない。その辞表の文章を見せられたわけでもない。だから、片瀬は自分の辞表の内容を、いまでも知らない。自分の辞表の理由を、本人が知らないままに提出され、受理されたことになる。

「あとで知り合いから聞かされたんですが、クラスの子どもたちや保護者には『片瀬先生は個人的な都合で田舎に帰らなければならなくなりました』と説明されたそうです。私は田舎に帰ってなんかいないし、ずっと東京にいましたけどね」

教師にしかできない経験があるから、教職をあきらめない

実際、その学校を辞めさせられた翌月には、ほかの学校に産休代替として勤めている。同じ東京都内の小学校である。

何校目かの学校を経験していくなかで、片瀬は再び教員採用試験を受けてみる気持ちになった。辞任勧告を突きつけられた後遺症なのか、それまでは採用試験を受ける自信をなくしていた。きっかけはある学校での勤務だった。それも東京都内の小学校である。

「辞任させられたところとは、まるで雰囲気が違う学校でした。こういうことが辛いんだ、みたいなことを職員室で安心して言える環境なんです。弱音をさらせる。

辞めさせられた学校では弱音をはくと、『それはお前が悪いんだ』と攻撃の的にされました。しかし、そこの学校では、『たいへんだったね』とか普通に言ってくれるし、言葉だけでなく行動でもフォローしてもらえました」

職員室に余裕があるだけでなく、学校全体が落ち着いていて、「ゆとり」が感じられたそうだ。全国学力テストなどへの対策もやっていないし、個々の教員が評価を気にしていないし、個人が責められるようなこともなかった。

そうしたなかで、採用試験を受けて正規採用の教員を目指す気になったのだ。そんな彼女を、同僚の教員たちは応援してくれたし、試験準備のフォローもしてくれた。

「夏休み中には、校長までが毎日のように面接の練習につきあってくれました。そして、『これなら絶対だいじょうぶ』と言ってもらえるまでになったんです」

しかし、結果は不合格だった。一次の筆記試験は合格だったものの、面接の二次試験で不合格になってしまったのだ。彼女としては信じられない思いだったが、信じられなかったのは彼女だけではなかった。

「校長には、『自主退職したことが問題にされたのかな。それしか考えられない』と言ってもらいました。退職勧告されて応じたことが、まさか、ここまで影響してくるとは思ってもいませんでした。腹立たしい、の言葉しかありません」

と、片瀬の怒りはおさまらない。いま彼女は子育てに専念中である。それでも、時期が来れば、臨時採用であっても教職にまた戻りたいと考えている。

理由は、「子どもたちと向き合っていると楽しい」からだという。そう思わせてくれた出来事のひとつを、彼女は話してくれた。

「校長まで採用試験の応援をしてくれた学校では、1年生を担任していたんですが、子どもたち個々の成長はもちろんですが、クラスとしての成長も実感できるんですよね。

学年の後半になって、管理職をはじめ教員が参観する授業があったんですが、その前に『先生のほうが緊張するんだよね』と子どもたちに話していたんです。そうして授業が始まると、いつもならチャイムが鳴っても席につかない子がいたり、ザワザワ話し声が止まなかったのに、その日は全員がきちんと席についているし、ムダ話もない。普段ならノートをとらないような子までノートをとってる。

私のことを子どもたちが応援してくれる気持ちが伝わって、とても嬉しかった。帰りの会では、『きょうは先生が授業をがんばりました』って言ってくれる子までいたんですよ。かわいいですよね。こんな経験ができる教員という仕事はやっぱりいいな、と思えるんです。だから教員に戻りたい」

そういう経験がたくさんできれば、辞める教員もいないだろうし、教員志望者も増えていくのかもしれない。しかし、そうではない面があるのも、また学校なのだ。

9

学校の方針に過剰に合わせた末に

山﨑　めぐみ（仮名）20代女性

いわゆる「良い子ちゃん」だった

「小学校から大学まで、私はいわゆる『良い子ちゃん』で育ってきたんです」

と言った山﨑めぐみは、小学校から高校も公立で、国立大学の教育学部にストレートで入学し、留年もせずに卒業している。保護者や教員にすれば、絵に描いたような「良い子」にちがいない。

そして教員採用試験にも一発で合格し、教員の道へ進んだ。しかし、4年間で教員生活に見切りをつけている。「教員に戻る気がありますか」と訊いてみると、彼女は何の迷いもなく即座に答えた。

「そんな気は、まったくありません」

彼女が教育学部に進学したのは、教員になるという目標があったからではない。「やりたい仕事があったわけではないし、教育の勉強をしておけば、自分が母親になったときに役にたつかもしれないと、それくらいの理由でした」と言って、山﨑は笑った。その彼女が教員になるのだが、そのときは母親になったときに役立てようと思ってのことではなかった。

「大学時代に研修で小学校の授業を何回か観させてもらったんですが、その先生が上手で、言葉遊びとか子どもの興味をどんどん引き出していく。子どもの反応がおもしろくて、大人では考えられない反応を示すんです。

ある子が、授業のシーンに合わせてモノマネしたりする。普通の大人なら『やめなさい』となるけれど、その先生は止めない。ほかの子も『そんなことしちゃ、だめなんだよ』なんて言わずに、その子を仲間として見守っている。私が『良い子』で大人が求めることを優先する育ちかただったので、自由な教室の雰囲気がいいな、と思ったんです。そんな教室をつくりあげている先生に憧れましたね。

そこからでした、教員という仕事を真剣に考えるようになったのは」

理想とあまりに違う現実

そして教員となり、彼女は小学校に赴任する。しかし、学校の現実は、彼女が想像し、憧れていたようなものとはだいぶ違っていたようだ。

「特に厳しい学校だったのかもしれませんが、子どもたちを規則というか、『決まり』で縛り上げて、ガチガチにやらせるところでした。

教室からみんなで移動するときには、きちんと並んで歩き、絶対におしゃべりをしてはいけない。給食のときもしゃべってはいけない、いわゆる黙食が決まりでした。掃除も黙ってやらなければいけない」

これに彼女は戸惑ったが、初任という立場もあり、「おかしい」とは思いながらも抗議することはなかった。そもそも抗議するという発想もなかった。その代わり、自分の授業は学生時代に憧れていたような内容にしたいと思い、実践した。

「本格的ではなくても言葉遊びのマネごとを入れてみたり、リズムを重視した朗読などをやってみたりしました。子どもたちは盛り上がりましたね。

盛り上がると子どもたちの声も自然と大きくなります。そうすると、両隣の教室から先生が飛び出してきて、うちの教室を覗き込んでくるんです。いま思えば、子どもたちが騒いで新任が抑えきれないでいるのかもしれないと、心配で飛び出してきてくれたのかもしれませんけどね。

でも、そういうのはプレッシャーでしたね。よそのクラスの先生に睨まれて、子どもたちも戸惑う。私自身もそういう視線を向けられると、『やっては、いけないんだ』という気持ちになってしまう。どうにも、監視されている感が強かった」

彼女がやっていることを好意的にみてくれるような雰囲気にも乏しかった。というよりも、好ましく思われていない感じを強く受けていた。好ましくないことを態度や、直接的な言葉にする教員もいた。

「私の指導担当は、教員になって10年目くらいの人でしたが、指導の基本からはずれたことを許さないタイプでした。なぜかは知りませんが、その人が職員室内での実権を握っている雰囲気もありましたので、ほかの人も横から口を挟めない雰囲気がありました。その人から、『そんなことをやっていないで、学習会に出席して学びなさい』と言われたんです」

その学習会というのが、山﨑が学生時代に憧れたような指導方法を学べるような内容ではなかった。真逆でしかなかった。

「学習指導要領にそって指導案を細かく書いて、それこそ黒板での板書の仕方まで決まりどおりにやるように指導される学習会です。まさに、ガチガチな指導をするためのものでした」

その学習会で教えていることに従って教室での授業を進めることを強制された。ちょっとでも違うことをやっているところが見つかると、厳しく注意される。注意するために監視もされているわけだから、精神的にもかなりまいってしまっていた。

教えられたように授業をやっていれば文句を言われることはないだろうと、できるだけ教えられとおりにやるよう心がけた。それでも注意されるし、自分で意に沿わないことをやっているとの気持ちもあって、精神的にもまいってしまって、体調を崩すようになっていく。

「いちばん私が病んでいたのが9月から10月くらいでしたけど、4月にくらべれば体重が7キロ以上も減ってしまいました。人と話していると、なぜだか涙が止まらなくなる。傍目にも体調不良は分かっていたと思います。

「最後に自分の思うとおりにやってみれば？」

指導教員も『だいじょうぶ？』と声はかけてくれるけれど、その目は心配していない。挙げ句には、『あなたは笑顔がないからダメです』と言われてしまいました。心がポッキリ折れました」

それで彼女が指導教員を恨んだかといえば、そういうふうにもならなかった。そこにも、彼女の「良い子」の面が強く影響していたのかもしれない。

「指導教員にそこまで言わせてしまうのは自分が悪い、と考えていました。言われたことができていないのは自分でも分かっていたし、言われたことをきちんとやれない自分が悪い、と悩みました」

自分で自分を追い込んでいたのだ。「指導教員は厳しすぎる。言っていることがおかしい」と思えれば、少しは精神的に楽になれたのかもしれない。しかし彼女は、そうはできなかった。相手の求めることに応えつづけてきた「良い子」にとって、応えられていないという思いはかなりな精神的負担だったにちがいない。

これで子どもたちにも問題があり、学級崩壊のような状況になってしまっていれば、彼女の症状は、さらに悪化していたかもしれない。しかし、そうはならなかった。

「子どもたちは、とってもよい子でした。私が苦しんでいるのを察していたのか、助けようとしてくれるんです」

2学期になると、研究授業の数が増える。新任としての努力を評価するためなのか、さらに基本を徹底する狙いがあるのか、それは分からない。

研究授業にはほかの教員も立ち会う。もちろん、彼女の指導教員の姿も必ずあった。そこで失敗すれば、厳しい注意を受けるだろうし、好評価をえられないことに「良い子」の彼女は耐えられなかったかもしれない。彼女にしてみれば、いっそう見張られている感に包まれる時間だった。

「私が型どおりのカチッとした授業をやっても、子どもたちは応えてくれるんです。手も挙げてくれるし、カチッとした受け答えもしてくれる。だから指導教員に厳しく注意を受けることも、少なかった。子どもたちに助けられましたね」

それに山崎は満足していたわけではなかった。自分が望まない授業をしていること、指導教員の期待に完全には応えられていないこと、そして子どもたちを無理やりつきあわせていること、すべてが彼女にとっては重荷でしかなかった。「良い子」でいられないことへの焦り、苛立ちもあったのかもしれない。

「だから、10月ごろに辞める決心をしたんです。教員になって半年あまりでしかありませんでしたが、辞めると決めました」

しかし彼女は辞めた……わけではなかった。体重が激減するほど肉体的にも精神的にまいってしまって退職を決意したにもかかわらず、教職に留まった。もちろん理由はある。

「辞めると決めて、知人に相談したんです。そうしたら、『辞めると決めたのなら、最後に自分のやりたいようにやってから辞めたらどうか』と言われたんです。『それも、そうだ』と思いました。そう思ったら、急に気が楽になっちゃったんです」

さらに、彼女を担当していた指導教員の目が離れ、監視状態も緩和される事態が起きた。彼女は教員採用試験に合格しての本採用だったが、彼女と同じく初任だったものの臨時採用だった教員のクラスが、学級崩壊状態になってしまったのだ。

「同じ初任でしたが、その人は放っておかれている状態でした。大学を卒業したばかりの新任だったんですが、研修もないし、指導教員もいない。ベテランの先生たちも積極的に指導していませんでした。おかしい、と思いますけどね」

それが原因かどうか分からないものの、ともかく学級崩壊が起きてしまった。ベテランの教員は、山﨑の指導教員もふくめて、全員がそのクラスをサポートするようになった。山﨑を監視したり、注意したりする余裕がなくなってしまったのだ。

放っておかれる状態に

それによって山﨑は、「放っておかれる」ことになったのだ。彼女にとってはラッキーでしかない。言葉遊びを取り入れたりの楽しく学べるクラスづくりを、遅まきながら、まだまだ未熟とはいえ実践することができた。辞めると決意したことで開き直り、監視の目が緩くなるという幸運が重なったことが、彼女を立ち直らせたともいえる。

それで、彼女は教員を続けることになる。2年目に担任することになったのは、1年生のクラスだった。

「1年生は学習よりも生活重視なんですね。学校としては高学年の学力に力を入れていたので、1年生は自由にやれる余地がありました。

だから、言葉遊びも取り入れたし、声をあげて教科書を読むときには立ち上がって大きな声で身体を使ってやるとか、ひたすら楽しく学べる方法でやっていました。研究授業のときには、それなりにカチッとした授業もやりましたけど、遊びながら学ぶかたちを優先させました。子どもたちも楽しそうにやっていた気がします」

3年目にも1年生を担任した。同じようにやったので、授業に関するストレスは少なくてすんだ。ただ、そんな授業方法に冷たい視線を向けてくるベテラン教員がいなかったわけではない。かといって初任のころのように厳しく注意されるわけでもなかった。

山﨑にしてみれば、教員を辞めなければならない理由はなかった。そのころは、辞めようと考えたこともなかったという。

4年目になって、今度は6年生のクラスを担任することになった。初任のときに担任した3年生が6年生になったからだ。初任のときに担任した子どもたちが卒業するまでに、もう一度は担任したいと希望を学校に出していて、それが叶ったのだ。

「1年生から6年生の担任になって、まず考えたのは『なめられてはいけない』ということだったんです。『厳しく指導しなきゃ』と思っていました。いま考えれば、なに考えていたんだろう』と思いますけどね。

そのクラスが5年生のときの担任がすごく厳しい先生で、かなりガチガチにやられてきていたんです。私が気を抜いてしまえばクラスがダメになるという心配もありました。

それまで3年間やってきて、学校が教員に求めるものが分かってきていたというのもあります。それは、ガチガチにやることなんですね」

求められていることに応えようとする意識から、彼女は抜けきれていなかった。また、「良い子」でいたいという気持ちが強かったのだ。ガチガチにやることが学校が彼女に求めていることであり、それをやっていたのだから校長あたりからは評価されていたのではないだろうか。それをたずねると、彼女は寂しげな表情を浮かべて言った。

「校長先生に褒められることはありました。それでも、心から褒めている表情ではなかったですね。『ちょっと油断すると崩れるから、手綱を緩めるな』といった無言の圧力を常に感じていました。6年生は全校生徒の要みたいな存在ですから、周りも厳しい目でみていました。私もそれを意識していました」

周りの期待を意識して、それで、どのような行動をとっていたのか。それを彼女に聞いてみた。

「たとえば給食の準備でも、放っておいてもちゃんとできる子たちなんです。おしゃべりをしながらであっても、やらなければいけないことはきちんとやる。なのに、『しゃべらないで、ムダなくやりなさい』って言っちゃうんです。『低学年の子は6年生を見習っているんだから、きちんとやりなさい』って言っちゃう」

保護者に謝って歩きたい

1年生は生活中心でも、6年生は学習中心になる。つまり、「成績」を気にしないわけにもいかなくなる。

「文部科学省の全国学力テスト（全国学力・学習状況調査等）への関心も高まっていました

から、過去の問題をやらせたりしてテストの回数は増えました。５年生のときには宿題もかなりの量だったようですが、私は減らすようにしていました。それでも学校はどんどん宿題を出す方針だったので、それに抗うより従ったほうが楽なので、私も出していました。いま思えば、減らしていたつもりだったけれど、それでも多かったと思います」

そういう状態で、子どもたちは学校生活を楽しんでいたのだろうか。その答を聞きたくなって、彼女に質問してみた。

「それを聞かれるとグサッときます。

感じたのは『覇気がない』ことでした。３年生のときに直接担任した子もクラスにたくさんいたんですが、『君たち、こんなに覇気がなかったかい』って胸のなかでつぶやいていました。

テストにしても、賢い子は『これを覚えておけばいいんでしょう』という取り組み方です。授業にしてもレベルの高いものをやっているので、置いていかれる子がでてきます。それは、すごく実感するんです。子どもも自覚しているので、消極的になる。こちらも丁寧に教えている余裕もなく、『なんで分からないの』という言葉しかでてこない。

子どもたちが面白いわけないですよね。子どもたちの目が死んでいました」

そして、彼女は辞めることになる。「いったい自分はなにをやっているんだろうと思ってしまったんです」と、その理由を彼女は続けた。

「子どもたちの死んだような目を気にしながらも、学校の方針に合わせようとガチガチにやっている。『なにやっているんだろう』と反省する日が続きました。自分がやりたくないスタイルの授業をやっていることが、すごく嫌でした。そんなことをやっている自分は子どもが好きではないのかもしれない、とまで考えました。だから、辞めることにしたんです」

自身が妊娠したことも、それを後押しした。辞める理由を妊娠にすれば、学校への理由も簡単だからだ。正直に理由を話せば学校の方針を批判することになるし、それによって悪い印象をもたれたくないとの気持ちもあったのかもしれない。

「妊娠がなければ、辞める理由を学校に説明できなくて、ズルズルと教員を続けていたかもしれません。学校の方針に逆らうことはできずに、割り切って学校の方針どおりにガチガチにやる教員になっていたかもしれません」

そんな彼女に、子育てが一段落したら教員に復職する気があるのか訊いてみた。それに彼女は、正面を向いて答えた。

「それについては、きっぱり言えます。戻りたいとは思いません」

さらに、我が子をそのような学校に行かせたいと思うか、と重ねて質問してみた。それにも、彼女は迷うことなく答を返してきた。

「先生たちがガチガチでギスギスした雰囲気が続いていたら、行かせたくありません。自分が子どもをもってみて、あらためて思うんです。なんで、子どもたちをあんな死んだような目のままにしておいたのか、後悔しかない。保護者に謝って歩きたいというのが、いまの心境です」

10

子どもたちとの「つながり」を求めて教員をやめた

渡辺　健一（仮名）30代男性

そんなに努力を重ねたわけではない

「教員になる気はなかったんです」

渡辺健一はそう言った。彼は大学の教育学部教育学科を卒業して大学院に進み、修士課程を終えている。大学卒業時点で同期生のほとんどが教員採用試験を受けているが、彼だけは拒んだ。

「教育学科では、1年生のときから教員採用試験の勉強を始めるんです。その流れに乗らないとマズイかな、と考えて、自分も問題集を買い込んだりして勉強を始めました。でも問題集をやっていくと、マル覚えして答えてと、まるで大学入試と同じなんです。まず、それに嫌気がさしました。

大学の授業も、魅力的な授業もありましたが、大半が学習指導要領にそった指導案づくりといった実務教育でした。決められた価値観に従えば単位をやるけれど、そうでなければ単位はやらないといった内容の授業でした。そういうことを学んで教員になって、子どもたちに決まりきったことをやらせるのかと思うと、教員という仕事に魅力が感じられなくなっていきました。教員の仕事には創造力がない、と感じたんですね」

とはいえ、教育学部を選んだのは、教員になりたいという夢を抱いてのことでもあったのだ。それが大学に入ってみて、急速にしぼんでしまったことになる。教員になる夢は、そんなものでしかなかったのだろうか。彼に、教員を志望した理由をたずねてみた。

「小学校6年生のとき、担任から『駅伝大会に出場してみないか』と声をかけられて、選手の1人として出場したんです。それで、優勝してしまった。

そうしたら、担任が涙ながらに喜んでくれたんです。レースが終わってしばらくたってからも、『よかったよな』とか声をかけてくれる。初めて自分が認めてもらえたような気がして、先生という職業はすばらしいかもしれない、と考えたんです」

強烈な印象だったにちがいないが、そこまで彼が感激したことについては、もっと理由がある。それまでの彼には、ずっと父親との関係が影を落としていた。

「地域の少年野球チームに所属していたんですが、そこでのコーチが父親でした。漫画『巨人の星』の父親・星一徹を地でいくような人で、とにかく厳しいし、感情をすぐ表に出す。練習中には怒鳴られてばかりだったし、それが家に帰ってからも続く。だから、家のなかは常にギスギスした雰囲気でした。

褒めてもらったことなんかなかったので、僕は自分に自信がもてずにいました。自己肯定感がとても低い子どもだったと思います」

だから、駅伝で優勝して褒められたことが、嬉しかった。ただの喜びようではない。男の先生が涙を流して喜び、褒めてくれたのだ。彼にしてみれば、とてつもない自信につながる出来事だったのだ。そして、「こんな先生になりたい」と思った。

厳しい父親に不満をもちながらも、渡辺は父親に逆らうようなことはなかった。まだ小学生だったということもあるかもしれないが、それ以上に、彼の性格が影響していたのではないだろうか。

「七夕の短冊に『将来はプロ野球選手になりたい』とか『甲子園に出場したい』などと書いていました。本当にプロ野球選手になりたかったわけではなくて、父親に気を遣って、そんなことを書いていただけです」

本音ではつながることのできない親子だったのだ。そこに「生身」を晒し、ぶつかってくる大人がいたのだから、子どもの心は大きく揺さぶられたのだろう。こういうことに関しては、子どもは大人以上に敏感なのではないだろうか。

その相手がたまたま教員という職業の人だったので、その職業が子どもにとっての夢にもなった。これがほかの職業の人であったなら、その職業が子どもの夢になったのかもしれない。

ただ、そういう場面を経験できるのは、教員という職業だからこそだろう。ほかの職業にくらべて教員は、子どもと近い距離にある。それだけに影響を与えやすいし、「憧れ」になる可能性も高いといえそうだ。もちろん、それだけに逆のケースになってしまう可能性だってある。

渡辺は、小学校6年生にして教員を将来の夢と定めた。かといって教員になるために努力を重ねていったかといえば、そうでもない。

「部活や勉強が忙しくて、深く考える余裕も、その気もなかったのが正直なところです。それでも将来の夢を訊かれて『先生』と答えておけば、まわりは感心してくれるし、納得もしてくれました。

高校生になっての進路希望調査でも、『先生』と書けば誰も反対しない。進路が決まっていない同級生が多いなかで、自分だけは決まっているという優越感のようなものを感じていたのも事実だし、安心感みたいなものもありました。

だから、あえてほかの道を考えることはしなかったのかもしれません。とはいっても強い意志をもちつづけていたわけでもなく、ただ漠然としたものだったと思います」

それでも教育学部への進学を見直すでもなく、ストレートで合格する。そこで教員採用試験の現実らしきものを突きつけられて、教員になるという漠然とした夢はしぼんでいくことになったのだ。

どうにも踏み出せなかった教員への道

大学時代のアルバイトでの経験も大きかった。小さな百貨店の玩具売場と放課後の子ども教室で働いたが、そこで子どもたちを喜ばせるための遊びや企画を、自分なりに工夫しながらやっていたそうだ。子どもたちからの反応に手応えも感じていた。

「子どもとかかわることで『やりがい』を感じられるのは教員という職業だけではない、と考えられるようになったんです」

教員採用試験の問題集や大学の授業で教員の仕事に疑問を感じていた渡辺にとっては、大きな収穫だったといえる。なにより、教員とは違って創意工夫の余地がある仕事の存在を知ったことが大きかった。

決定的だったのは教育実習だった。教育学科だったので、卒業するためにも教育実習はこなさなければならないものだった。

「4週間、小学校で実習をやりましたが、正直言って、しんどかったです。原因は、よくも悪くも染まりやすい自分の性格にあるんですけどね。

求められると、必要以上に応えてしまうんです。決まりきった授業のやり方を学校側は求めてくるので、それに応えてしまう。本当は創意工夫した授業をやりたいのに、それをやらない自分がいる。そのギャップのようなものに苦しみました」

教員になってしまえば、その苦しみが日常になってしまう。だから、教員になることをためらった。そこから逃げるために、大学院に進むことを選んだのだ。

「修士論文として学校外のプレイパークのような場所で即興的、偶発的に生まれてくる遊び、そこでの大人の関わり方をテーマにしました。学校ではないところでの子どもとのかかわりに焦点をあててみたかったんです」

その研究は、彼にとって楽しいものだったという。それでは、修士課程を終えた渡辺が、そうしたところに自分の働く場を見出したかといえば、そうではなかった。

「フリースクールのシンポジウムなどにも足をはこんで話を聞いたりしました。そこで、そうした仕事だと経済的に生活していくのが厳しそうだという現実に気づいたんです。情報も少なかったので、どうしていいか分からなくなっていました」

修士課程も終えて仕事もせず、どうにも宙ぶらりんの状態となってしまっていた。そんなときに父親から、「教員でもお前のやりたいことができるのは特別支援教育ではないのか」と言われた。

「そして思い出したのが、大学時代の同期生の話でした。彼は特別支援学校に勤めていて、子どもとのかかわりでも余裕があるし、子どもとの活動も工夫できる余地が大きいという話をしていました。

父親の言うように、たしかに自分がやりたかった仕事ができるかもしれない、と思いましたね」

とはいえ、彼は教員採用試験を受けたこともない。そこで訪ねたのが、小学校の恩師だった。彼を駅伝に誘い、涙を流して優勝を喜び、教員という夢をもたせてくれた、あの恩師である。その恩師は小学校の校長になっていた。

「話をしていたら、ちょうど特別支援学級での介助員を募集しているということだったんです。久しぶりに会いに行ったら、それが面接になっちゃったわけです」

介助員として働くうちに、「特別支援学校の教員なら自分に向いている」という確信のようなものも生まれてきた。

「介助員のときも、自分で工夫した教材とかを準備していました。子どもとかかわっていくなかでも、こんなものを作ってみたら、一緒に学びを進められるのではないか、と常に考えていました。クリエイティブなんです。そんな働き方は通常学級では期待できません」

特別支援学級の教員になるためにも、当然ながら採用試験に合格する必要がある。大学卒業時には拒否した採用試験を、今度は積極的に受験することにしたのだ。

「介助員をやらせてもらった学校の先生方にも協力していただいて、模擬授業や面接練習もやらせてもらいました。そして、『絶対にだいじょうぶだ』とのお墨付きまでもらって採用試験に臨みました」

希望する特別支援で働けない

渡辺は見事に合格する。しかし配属されたのは、望んでいた特別支援学校ではなく、通常の小学校だった。

「採用試験の面接では、かなり強烈にアピールしたつもりだったんですが、ダメでした。特別支援学校は中学や高校でうまくいかなくなった子たちが転籍してくるケースが多いので、小学校の免許しかもたない僕の場合は難しかったのかもしれません。はっきりした理由は分かりません」

特別支援学校でなくても、小学校にも特別支援学級がある。彼が赴任した小学校にも特別支援学級はあったのだが、彼が配属されたのは通常学級の担任だった。

「特別支援学級のほうが、より子ども一人ひとりとかかわることができます。しかし、通常学級だとそうはいきません。人数が多いこともありますが、学校から求められていることも特別支援学級とは違います。

ルールは守らせなければいけない、授業は予定どおりに進めなければならない。子どもたちは一人ひとりが違って当然なのに、同じ方向を向かせて、同じことを強いなければならない。

いつからか、それに慣れてしまっている自分がいて、気がつけば、どんどん寛容さを失っている。常にピリピリ、カリカリしてしまっていました。『何をやっているんだろう』って、自己嫌悪の日々でもありましたね」

教育実習のときと同じで、彼の言葉を借りれば「過剰に先生になってしまっていた」のだ。それでうまくいっていればよかったのかもしれないが、なにせ初任である。経験も知識も足りないなかで、個性の違う子どもたちを同じ方向に向かせるのは容易なことではない。うまくいかないから、なおさら苛立つことにもなる。

そこに、校長からのプレッシャーが加わっていく。

「校長には二言目には『大学院卒なのに』と嫌味みたいに言われていました。『大学卒より高い給料をもらってるのに、なに、それ』というぐあいです。でも、それが授業面のことを言われているのか、分掌面のことを言われているのか、よく分からなかったんです。だから、なおさら混乱して、不安ばかりが大きくなっていきました」

初任では、多くの教員が見守るなかで研究授業をやらされる機会がある。それに、渡辺も入念に準備してのぞんでいた。もちろん、校長も観ている。

「授業が終わったあとに褒められると期待していたのに、『面白い単元なのに、なんで、こんなつまらない授業になるのか分からない』と言われました。『こうしたほうがいいよ』というアドバイスではなく、『面白くない』の一言です」

それは授業だけでなく、分掌面でも同じだったという。渡辺が続ける。

「割り当てられたひとつが、『下駄箱・傘立て係』でした。下駄箱と置き傘の管理で、置き傘の一本一本を洗えとか、シールを貼れとか言われました。それにも、いちいちダメ出しされる。その仕事にどんな意味があるのか、はたして教員のやる仕事なのかどうか、もう意味が分からない。花壇の水やりを1時間やれ、という命令もありました。

学校のホームページにブログを書かされたこともあって、その文章に赤字どころか、青色、黄色くらいの直しが校長から入る。それが意味のある直しなら納得もするんですが、『なんの意味があるのか？』というものばかり。

それでも、自分の心を殺して、『はい、はい』と従っていました」

こうしたことが精神的にも肉体的にもダメージを与えていったようで、初任の3学期には症状が出るようになってしまった。職員室に入ろうとすると、パニック状態になって足が動かなくなる。過呼吸で倒れることもあった。学校に向かうと考えたとたんに過呼吸になり、駅で倒れたこともあった。

「医師の診断も受けて、そのうえで『うつ病かもしれません』と校長に報告したのですが、それに対する返答が、『なに、それ?』でした」

それをきっかけに渡辺が校長に反抗的な態度をとるようになったかといえば、そうではなかった。

「まわりの先生から、『うつ病というレッテルを貼られたらキャリア的によくない』とアドバイスをもらったんです。それで、ほかの医師の診断もうけて、改めて校長に『うつ病とまでは言えないかもしれません』と報告しました。それに対しては、『甘えるな』と返されました。それも黙って聞いていました」

それでも2年目には、同じ学校ではあるが、特別支援学級を担任することができた。異動希望しつづけていて、それが叶えられたのだ。

「ここでは、自分でも生き生きと仕事ができていたと思います。音楽や図工でも自分なりにアイデアを出して、実践していきました。教材の工夫のしがいもありました。特別支援学級のほかの先生にも評価してもらって、非常にうまくいっていました」

彼が教員という仕事に求めていた創意工夫が実現できるようになったのだ。過呼吸になることも少なくなり、精神的にも落ち着いていった。

しかし、すべてが解決したわけでもなかった。もっとも深刻な問題は、残されたままだったのだ。

「その学校には特別支援学級が複数あって大所帯だったんですが、そこには主任教員がいました。この主任がワンマンな人で、自分のやり方を押し付けてくる。

幸い、僕がペアを組んだベテランの先生は寛容な人で、僕のやり方を認めてくれて、やりたいようにやらせてもらっていました」

これがよくなかったらしい。主任にしてみれば、自分の指示とは違う、好き勝手にやっている渡辺たちが気に食わなかったようなのだ。しかも、この主任は校長との仲がよかった。

「校長に呼ばれて、『(ベテランの先生に)甘えている。あなたが従わなければいけないのは主任だ』と説教されました。さらに、『このままでは来年はどうなるか分からないよ。通常学級に戻すかもしれないし、それも行事の多い5年生の担任をやってもらうかもしれない』とも言われました」

まるで「脅し」である。よほど上司のクジ運が悪かった、と言うしかない。それでも教員という立場にとどまりたければ、理不尽な上司であっても、それに従うという道もある。その選択をしている教員も、少なからずいるはずである。

そういうふうに考えられなかったのか、渡辺に訊いてみた。すると、即座に答が戻ってきた。

「その気は、まるでありませんでした」

それでも、校長にも異動がある。新しい校長になれば、事態は変わるかもしれない。それに期待してガマンすることはできなかったのか、とも訊いてみた。

「その校長が異動するかもしれないという噂はあったんです。しかし、異動はなくてとどまることが早々に分かりました。

それに、新しい校長になったところで、その校長が良い人かどうか分かりませんからね。同じような校長になる可能性もあります。もっと悪くなるかもしれない。

もっと言えば、公立の教員なんて、来年どうなるか分からない。校長が脅しにつかったように、通常学級に戻される可能性はけっこうあるわけです。特別支援学級の担当を続けられる保障はどこにもない」

金銭面より精神面

そして、渡辺は教員を辞めた。辞める意思を伝えたとき校長は「ああ、そうなの」と言っただけで、いっさい引き留めるような言葉は口にしなかったという。

教員を辞めた彼は、学校ではなく放課後の子どもたちと接する仕事に就いている。収入面だけを言えば、教員のときより劣ってしまうのが現実でもある。

「金銭的には安定していても、精神的に安定していなければ意味がない。教員をやってみた経験から、それは強く思いますね」

と、渡辺ははっきりと言った。それでも、教員を辞めて違う道を選んだとしても、それが精神的に安定する道かどうかは分からないはずだ。重ねて訊いてみた。

「辞めると決めたときは、ここ（学校）より最悪のところはない、と考えていました」

そう言って、渡辺は笑った。いまの彼は精神的に安定しているのだろうか。自分の好きなことができているのだろうか。

「学校は上からのプレッシャーが強すぎて、やらなければいけないことが決まっている。マニュアル化されていました。そこにモヤッとしたものを感じていたのは事実です。いまは、それはありません。もちろん、それなりに問題がないわけではないんですけどね」

笑いながら、彼は言った。そして、いま取り組んでいること、やりたいことがあるといった話もしてくれた。いろいろあるのかもしれないが、少なくとも創意工夫ができる職場にいて、それを楽しんでいるようには見えた。

11

理想と現実のはざまで

内藤 剛志（仮名）30代男性

「逃げた」のかもしれない

「覚えていない。思い出せないんですよ」

このフレーズを、内藤剛志は何度も口にした。そのたびに話は中断し、気まずい雰囲気になる。何を隠したいのだろうか、という疑問を抱きながら、こちらも話を聞いていくしかなかった。

国立大学を卒業した彼は、東京都内の小学校の教員となり、最初に配属されたのが特別支援学級だった。彼自身が希望したのかと思ったのだが、彼からは「違います」との答が戻ってきた。

「特別支援学級に配属されたのは、私の経歴から判断されたんだと思います。大学時代に、特別支援学級のボランティアをかなり長い期間やっていましたからね。修学旅行の付添補助とか学習ボランティアを、20校以上で経験しました」

この分野に特別に関心があったからではない。インターネットの掲示板に大学の先輩がボランティア募集の情報を載せたことがきっかけだった。

「アルバイトも特にしていなかったし、サークルにも所属していませんでした。それで、『やってみようかな』と思って応募したんです」

その特別支援学級でのボランティアを在学中のほとんどの期間でやったというのだから、かなりの経験である。そこを見込まれたとしてもおかしくない。

最初の赴任校で配属された特別支援学級は生徒が6人、教員は内藤をふくめて2人だった。もう1人の教員は、かなりのベテランだったという。そのベテラン教員と内藤の関係が、あまり良くなかったようだ。

「特別支援学級での方針は、教科書的な学力を重視するのか、体力もふくめた生活力を重視するるか、その2つに分かれるんですね。ベテランの教員は後者の考え方で、畑仕事も経験しよう、縫い物もしよう、調理もいっぱいやろう、という方針でした。

そこに、私は違和感を覚えていました。国語とか算数なんかやらない日もあるし、『これって学校なの?』と思っていました。私としては、学習面もしっかりやりたかったんです」

とはいえ内藤は、生活重視を完全に否定していたわけでもないらしい。学生時代に20校以上の特別支援学級での指導を経験するなかで、生活重視と学力重視の両極端のケースも目の当たりにしてきていた。

「生活重視にも学力重視にも良さはあると思いましたが、重視といいながら、徹底していない。生活重視なら生活重視で押しとおせば、デメリットもあるかもしれないけど、成果も大きいはずです。でも、そこまで徹底できない」

教員としてのぞんだ最初の特別支援学級でも、そうした中途半端さを内藤は感じたようなのだ。生活重視でもいいが、それを徹底しないで、学力の部分はさらに軽視されているような状態が、彼には不満でしかなかった。

それなら、彼自身が変革の主体になってもよさそうだ。自分が考えるような指導方法に変えていくことも、ボランティアではなく担任の教員としてかかわっているのだから、不可能ではないように思える。

「そこまで自分ができるのか、当時は自信がありませんでした。初任ですしね……。結果が出せるかどうかわからないのに、変えていく一歩が踏み出せなかった。

ただ、何もしなかったわけではありません。時間割を変えて、とにかく国語と算数は毎日入れるようにはしました。それくらいで、自分が考えていたことの1割か2割くらいを、時間をかけて少しずつ実行していったくらいです。あとの9割か8割はがまんしていた」

ベテランの教員が壁になっていたのか。ベテランであれば自分の指導方針を明確にもっているかもしれないし、それでなくても初任にあれこれ言われるのは感情的にも許せなかったかもしれない。それを、内藤に質問してみた。

「そのベテランの方は、自分の考えをゴリゴリと押し付けてくるような人ではなかった。どちらかといえば、腰の低い人でした。ただ、現状を変えていこうというタイプでもない。私の言うことを無視しないで、聞いてはくれる。聞いてはくれるけれども、ただ聞くだけで、次の動きにつながることはない。聞いてもくれないのもきついかもしれないけど、聞くだけで流されるのもきつかった。

特別支援学級の職員室は一般の職員室とは別にあって、そこでベテランと私の2人だけでした。話は流されるだけで会話にならないし、自分の思いは無視されるばかりで、私としては居心地が悪かった」

それなら変えていけたはず、と思ってしまうのは第三者だからかもしれない。ベテランにゴリ押しされるでもなく、頭から否定されるのでもなければ、少しずつでも変えていけたのではないか、と思ってしまうのだ。内藤にとっては不愉快かもしれないと思いながらも、それを口にして質問してみた。

「逃げましたね」

それが、内藤の答だった。

何をしていたか「覚えていない」

特別支援学級の担当になれば、通常なら3年は務める暗黙のルールがあったらしいのだが、彼は2年で異動している。もう少し長くいれば、自分の指導方針をもっと反映できたかもしれないのだが、それも彼はやらなかった。

「居心地の悪さと、やりがいの少なさだけを感じていました。それだけで頭がいっぱいで、前向きなことは考えられませんでした。いま考えてみれば、もう少しいたら前向きなこともできたかもしれないけど、当時は精神的にもいっぱいいっぱいでした」

さらに質問しないではいられなかった。パワーハラスメント的な扱いを受けていたわけでもないし、少しではあっても自分の考えも反映される環境にあって、なぜ逃げなければならなかったのか。

「いまなら多少、つじつまが合わないことでも、やりすごす術を身に付けていると思います。そういう知恵みたいなものが、いまの自分には備わっている。

しかし当時は、少しでもつじつまが合わないとがまんできなかったんだと思います」

いま考えれば、そんなに大きな不満ではないはずなのに、当時はそれで頭がいっぱいになってしまった、そういうことですか、とたずねてみた。「そういう感じかも」と、内藤の返事は素っ気なかった。

異動は、内藤自身が言い出したことではなかった。校長から、通常学級への異動が提案されたのだという。内藤がグチめいたことを校長に言っていたわけでもないというので、そこに何があったのかは分からない。ただ、ルールどおりでなかったことだけは、事実のようだ。

異動になって、内藤は4年生のクラスを担任することになった。それまでの特別支援学級の生徒数は2年生から4年生までの6人で、それを2人の教員が担任するから、授業になると1人の教員が3人か4人の生徒を担当することになる。それが、一気に1人で40人の生徒を担当することになった。

「そうなると、全体をまとめることが要求されるんですね。一人ひとりを別々にみるのは不可能だから、全体を枠にはめて指導することが求められるわけです。

それが、当時の私には生理的に受け入れられなかった。枠をつくることへの拒絶反応が自分のなかで強すぎて、それに逆らって突っ走ってしまった」

具体的に何をやったのか。枠をつくるという現在の学校での「常識」に逆らって、どんな指導を内藤はやったのだろうか。もちろん、質問せずにはいられない。

「いやー、覚えていないんですよね」

内藤は、そう答えたのだ。自分が実際にやった指導である。しかも、「常識」を拒絶しての自分なりの指導だったはずだ。にもかかわらず、覚えていないと言うのだ。さらに彼が続ける。

「1学期は、子どもたちも毎日、楽しい楽しいと言っていました。2学期の運動会が終わるくらいまでは、たしかに、楽しいと言っていた。

しかし2学期の後半から3学期は、子どもたちが私の話をまったく聞かなくなる。勝手に騒いで、もう無法地帯のような様子になっていきました。それだけでなく、死んだ魚のような目をした子どもたちが増えていく感じを私は受けていました」

子どもたちの目が死んだ魚のように

内藤の話を聞いていて、驚くというより、理解できなかった。枠にはめられなければ、子どもたちは生き生きするのではないだろうか。それが死んだ魚のような目になっていくというのだから、ただごとではない。

枠をつくって指導することを拒絶した内藤の授業は、いったい、どういうものだったのだろうか。それは、ぜひ具体的に聞きたいことだった。

「おもしろい教材をどんどんやった。私が学校外でも教えてもらった教材や授業を、どんどんやりました。良いと教えられると、すぐに試してみました。具体的に何をやったか？ 思い出せません」

おもしろい教材なら、子どもたちも興味をもつはずではないか。これも第三者的な見方として言えば、生き生きとした授業になっていたのではないだろうか。子どもたちの目が死んだ魚のようになっていくというのが、とても信じられない。

「新しい教材で授業をやります。でも、子どもたちは興味を示さない。別な教材でやってみるけど、それにも興味を示さない。そういう授業が増えていくと、子どもたちは教員への信頼までなくしてしまいますよね。そういう状態になっていたのかな……」

新しい教材、おもしろい教材を内藤としてはもってきているつもりでも、実はおもしろいものではなかったのかもしれない、そう質問せずにはいられなかった。

それに内藤は、「おもしろい教材だったはずなんだけど」と反論する。でも子どもたちは興味を示さなかったではないか、とこちらも言葉を重ねる。内藤にしてみれば、愉快ではない訊き方だったかもしれない。

「どんなにおもしろい教材であっても、子どもたちに人の話をしっかり聞く学習規律のようなものができていなければ、それが生かされない。そういう下地ができていないところで、どんなにうまい授業をやっても、うまくいかないのではないでしょうか。いまだから言えるんですけどね」

当時は内藤のクラスもふくめて、4年生は3クラスあったそうだ。ほかのクラスには、内藤がいうところの「下地」ができていたみたいだと、彼は言う。そして、続けた。

「つまらないことでも、授業だからとやらせる力はあったと思います。しかし、それは強制してやらせることで、それは違うと私は考えていました」

それで違うことをやって、子どもたちを死んだ魚の目にしてしまっては、それこそ元も子もない。それなら枠にはめて強制しても、子どもが生き生きとした目をしているなら、そちらのほうがいいのではないか。またしても、内藤には失礼な言葉を突きつけてしまうことになった。

「そうかもしれませんね。どっちにしても、もっと、やるべきことはあったのかもしれません。

でも、もう気力がわいてこなかった。あの子どもたちの死んだ魚のような目に、自分のエネルギーが吸い取られすぎてしまったような気分でした。そして、折れた」

それでも、重ねて訊いてみた。新しい教材、おもしろい教材を、どんなふうに内藤は使ったのか、それを質問する。

「運動会でソーラン節をやったんですが、いろいろなビデオ資料を集めてきて見せて、そうして独自の振り付けでばっちり決めました。運動会が終わるとイベントが一気になくなって、クラスで盛り上がれるものがなくなったのかな。

どんな授業をやったか？　申し訳ないけど、覚えていないんです。いろんな授業をやったはずなんだけど、具体的には思い出せません」

なんど言われても、どうにも納得できない。なぜ覚えていないのだろうか。ついに、「忘れたいという気持ちがあるんでしょうか?」と聞いてみた。

「きっと、そうだと思います。忘れたいと思っているのかもしれません」

はっとした表情になり、それまでにはなかった明るい声で内藤は答を戻してきた。それにつられて、こうやればうまくいったと、いまだから思うことはありますか、と訊いてみた。

「いまの自分だったらうまくやれる、という感覚はありますね。子どもたちを死んだ魚のような目にしない授業を、いまの自分だったらやれると思います」

それはなぜなのか、どういう授業をやるのか、それを訊いてみた。その質問に、内藤が「うーん」と言ったきり、長い沈黙が流れていった。

最後は校長とやり合う毎日に……

4年生の通常学級での担任は1年で終わった。特別支援学級での2年間を含めて、内藤は初任校で3年間勤めたことになる。その後、次の赴任校では1年生を担任した。

「1年生でしたが、問題のある子も多いクラスでした。ここでは、自分としては好きではないんですが、強制的におとなしくさせることも意図的にやりました。

だから、クラス運営はうまくいっていました。保護者受けもよかったと思います」

4年生を担任していたときと、新しい学校で1年生を担任したときでは、何が違ったのだろうか。強制的に子どもたちを従わせるだけでは、うまくいかないようにも思える。そこを訊いてみた。

「集団を意識したところではないでしょうか。4年生を担任していたころは、個人を大事にしようと意識しすぎて、集団としてみていなかったかもしれません。

1年生を担任したときには、集団を意識していました。具体的には、私がいちいち口出しするのではなく、子ども同士で解決する方法を考えました。

たとえばケンカが起きると、私が止めに入るのではなく、仲裁に入ってくれそうな子に声をかけて行ってもらう。私が注意するよりも、友だちが声をかけたほうが話を聞くし、うまく収まるんです。そういうことかな」

そこまで話して、内藤は少し考え込んだ。そして、再び口を開くと、うまくいかなかった4年生を担任したときの授業について触れた。子どもたちを死んだ魚のような目にしてしまった、あの授業だ。思い出せなかったことを、思い出せたらしい。

「あのときは、自分だけが中心だったような気がします。おもしろい教材といっても、自分がおもしろいというものをセレクトしていて、そして自分だけがしゃべっている。

1年生の担任になって、子どもを中心にするようになりました。自分だけが説明するのではなくて、子どもに子どもの言葉で説明してもらう。計算の説明を子どもにさせて、私が『分かりにくいかな』と思っても、『いまの説明で分かった人』ときくと、クラスの3分の1くらいが手を挙げる。手を挙げた子にもういちど説明させると、同じことを言っているけれども違う言葉で説明する。そうすると、分かったと手を挙げる子が3分の2に増える。

私だけが中心になっていると、なんとか説明して分かってもらおうとしても、分かってもらえない。分かってもらえないので、さらに自分の言葉で説明してしまう。すると、なおのこと分からなくなる。

そこに子どもの言葉が入ると、分かりやすくなることに気がつかなかった。おもしろい授業にしようと気ばかりが急いて、余裕をなくしていたのかもしれません」

そうなっていくと、内藤の教員生活も落ち着いていってよさそうだ。「良い先生」への第一歩を内藤は踏み出したのかもしれない。しかし、そうもいかなかった。

「クラスはうまくいっていましたが、職場の雰囲気は最悪でした」

と、内藤は言う。新しい赴任校は、いわゆる学校スタンダードが徹底しているところだったのだ。子どもたちの持ち物から、教員の授業のやり方までがっちりと決められていて、そこから逸脱することは許されなかった。

「最初に目的を板書して、まとめで終わるような型どおりの授業を要求されました。決まりどおりの指導案の提出も強要される。そういう型にはまったのは好みではないので、私としては不満なわけです。

そこで校長に、『それに何の意味があるんですか』と質問する。反抗的だったと思います」

それに対して校長がきちんと対応するかといえば、そうではなかったらしい。「若いのにふざけたことばかり言うな」とか「言い方が悪い」といった対応にしか、内藤には思えなかった。

「きちんと答えてくれれば、こちらも考えますよね。納得できればちゃんとやります。そうではなくて、頭から抑えつけるような対応でしかないので、こちらも冷静ではいられなくなります」

そのうち校長が、内藤の授業を監視するようになる。そして校長室に呼ばれては、「指導案どおりの授業になっていない」と説教される。「指導案どおりにやることに意味があるのか」と内藤が返せば、説明があるわけでも話し合いがあるわけでもなく、相変わらず「ふざけたことを言うな」という反応しか校長からは戻ってこない。

授業をやっているときに、校長が廊下から「指導案どおりにやれ」と怒鳴ることもあった。それがしょっちゅうなので、「校長が怒鳴っているそうですが、だいじょうぶですか」と保護者から問い合わせまでがあったという。

そこに終止符が打たれたのは9月ごろのことだった。内藤が休職届を出したからだ。校長とやり合う毎日から体調を崩し、医師からも自律神経失調症の診断を受けていた。それから半年後には、退職届を出すことになる。

話を聞きながら、子どもたち一人ひとりを大事にしたい、自分なりの指導をしたい、という内藤の思いが、なぜ実現できなかったのかを考えつづけていた。内藤自身にも問題がなかったとは言えない。ただ、内藤のような思いをもつ教員をサポートする環境、そういう教員自身が考えていける余裕が与えられていれば、もしかすると内藤は教員という仕事を辞めることはなかったのかもしれない。

12

学校の「型」が受け入れられなかった

中西　和夫（仮名）20代男性

特別支援教育に夢をもっていた

中西和夫は、教職に就いて2年で辞めてしまった。常勤の非正規教員として、小学校の特別支援学級で働いていたのだが、特別支援学級は彼自信が希望したことでもあった。

「ずっと学校の先生になりたくて、大学も教育学部でした。卒業論文は子どもの貧困に関するテーマだったし、困難をかかえてしまっている子どもたちを支援したいと思ったんです。実は教員免許は中学でとったんですが、困難のある子どもを支えるなら、やはり小学校のころからだと思い、小学校を選びました」

非正規になったのは、採用試験に落ちたからである。自ら望んで非正規の道を選んだわけではなかったが、小学校と特別支援学級で教員をやることは自らが望んだことだった。

採用試験に失敗したのなら、教員の道をあきらめるという選択肢もあったはずである。しかし彼はあきらめずに、非正規であっても教員になる道を選んだ。それは、困難をかかえた子どもたちを支援したいとの気持ちが強かったからだという。

「正規だと通常学級か特別支援学級か自分で選ぶことはできないようなんですが、非常勤だと可能でした。その意味では、非常勤でよかったのかもしれません」

赴任した学校には特別支援学級として、知的障害学級と自閉症情緒学級があった。知的障害学級の人数が増えてしまい、もともと1クラスだったのを2クラスに増やすにあたって、教員が不足した。そこに、中西が入ることになったのだ。

最近では全国的に、特別支援学級に入る子が増えているという。文科省の全国学力テストで順位を上げるための競争がエスカレートするなかで、成績不振の子を理由をつけて特別支援クラスに入れる傾向があるともいわれている。

「私が受け持ったクラスは5人でしたが、そのうち4人はもとから特別支援学級にいた子たちです。そこに新しい子が1人入ってきたのですが、主な理由が学力不振ということでした。通常学級の授業についていけない、と判断されたようです」

自分が望んだ特別支援学級で働くことになったが、そこを2年で中西は辞めることになるわけだ。その理由をたずねると、「何をやるにも型があって、それに合わせなければいけない。それが我慢できなかった」との答が戻ってきた。

「最近では話題にもなっている『スタンダード』と呼ばれるものが、その小学校にもありました。たとえば学校に持ってくる鉛筆の数は何本と決められているし、座っているときは手はグーで、ピンと背筋を伸ばしてピタッと足はそろえる、と決まっている。

それが、特別支援学級の子にも強制されているんです。決められていることでも、支援が必要な子たちにはできないことがほとんどで、だから特別支援学級にいるわけです。書きものをしているときには姿勢を直したりすることもありましたが、私はほとんど自由にさせていました。

しかも、その決まりごとができているかどうか、こまごまと評価させられる。決められた姿勢ができていたかどうか、それまで評価させられるんです。低い評価だと、『指導が足りない』となるわけです。やらせるのが無理だということについては、私は少しだけ注意して、それでも少しでもできれば評価した。そのやり方を非難されたりするので、かなり苦痛でした」

教員もスタンダードに縛られる

守るべきスタンダードがあるのは、子どもたちだけではなかった。教員も決められた型どおりにやらなければならないことが多かったそうだ。

授業での展開も、課題から始まり、まとめがあり、最後には振り返りと順番が決められている。「型」が決められているのだ。それを守ることを厳しく言われ、守らないと指導が入る。

「型にはまった授業の仕方が求められるとは聞いていましたが、実際に学校で勤めるようになって、あまりに厳しく要求されるので驚きました。

子どもたちの興味の示し方や問題意識、そして学習状況をみながら、そのときそのときで授業を展開していくのが当然だと思うんですけどね。子どもの状況を無視して勝手に授業を進めても、子どもたちのためにはならないはずです。

これでは、教員を思考停止にしてしまいますよ。教員が試行錯誤して教え方を工夫していくより、誰もができるように型にはめたほうがいいという風潮なんですかね」

型どおりの授業をやっているかどうか、教頭や特別支援学級のベテラン教員が抜き打ち的にチェックしにくるのだという。それで型どおりにできていないと、指導が入る。

それは、特別支援学級だからということではなく、通常学級でも同じだったそうだ。授業のやり方は、きっちりと決められている。もちろん、チェックされ、できていなければ指導されるのも同じだ。

そうした指導を受けて改めるのか、中西に聞いてみた。すると、「聞き流していました」と言って笑った。それが上手にできればいいのかもしれないが、得てして反抗する気持ちが態度や表情に表れてしまうものである。

「『態度が悪い』って、よく言われました」

笑いながら、中西が答えた。それでも彼は、自分が正しいと信じている方針を貫きたかった。どんなに責められても、それを曲げる気にはならなかったのだ。

「子どもと一緒につくりあげることを大事にしていました。学習課題にしても、教員から一方的にバンと押し付けるのではなく、『ここが分からないのかな？』と訊きながら、子どもと一緒に課題を決めていった。

ただ、そのやり方だと、確実に授業時間内には終わらない。決められた型どおりにやれば、授業時間内に終わる。授業時間内に終えるように型が決められているのかもしれませんが、子どもが興味をもてないまま、理解できないままにコマ数だけこなして意味があるのかと思います。子どもが理解できる、分かって楽しかったという授業をするほうが意味があるはずです。

そういうやり方は、通常学級では無理かもしれません。多すぎる学習指導要領を、限られた時間のなかで終えなければなりませんからね。しかし特別支援学級ならできるはずですし、そのための特別支援学級ではないかと思います。時間を割く余裕は、通常学級にくらべれば、あります。そういうことができる特別支援学級だからこそ、私は働くことを希望したつもりでした」

中西のクラスに算数の九九が覚えられない5年生の子がいたという。ベテランの教員に相談してみたら、「何度もやらせればいい」というアドバイスだった。しかし何度もやらせてみても、覚えられない。覚えるという段階で思考がストップしてしまうわけで、そこに「覚える」とプレッシャーをかけてみても覚えられるわけがないのだ。

「その子は足し算は得意だったので、九九を足し算でやらせてみようと思いました。2×2なら、2+2というふうに理解させようとしたんです。でも、9×9だと数が多すぎて、時間もかかるし、途中でまちがえる」

そこで、いろいろ調べてみて中西が見つけだしてきたのが、「シュタイナーのかけ算」だった。ネットで検索してみて、たまたま発見したのだ。

ルドルフ・シュタイナーはオーストリアやドイツで活動した教育者で、一人ひとりの個性を尊重しながら個人の能力を最大限に引き出すことを重視する教育法を唱えた。それは日本にも多大な影響を与えており、現在もシュタイナー教育を実践している学校が少なからず存在している。中西はシュタイナー教育を学んだわけでも、信奉しているわけでもないが、九九を覚えられない子にかけ算を理解してもらう方法を探していて、たまたまみつけたのだ。

シュタイナーのかけ算は、丸暗記ではない。円を描いて、その外周を10等分して0から9までの数字を時計の進行方向と同じに記していく。そして0を起点として3×4ならば、0と3と4を線でつなげていく。こうして3の段をやっていくと、ひとつの図形ができあがる。九九を覚えられなかった中西のクラスの子は、図形ができていくことに興味を示し、図形と一緒にすることで九九が覚えられたという。

シュタイナーの理論に合っているかどうか、誰にでも通用する学び方なのかどうか、とりあえずは関係ない。その子には、そのやり方がピタリとはまった。それが合わなければ、また違うやり方を中西は探していただろう。実際、いろいろ探してたどり着いたピッタリの方法でもあったのだ。

「子どもたちが分かった、できるようになったというのを実際に感じられるのが教員としての『やりがい』だと思っています。その『やりがい』のために教員になったんですから、型にはめた教え方で、『わからない』とか『できない』で放っておくのは、『やりがい』を放棄するのと同じでしかありません」

やがて、教頭やベテラン教員からの指導も次第に少なくなっていく。ベテラン教員が中西のやり方を認めたわけでもなかったようだ。彼らは彼らがやるべき仕事があって、中西に割いている時間的な余裕がなくなかったのかもしれない。

そして、「あきらめた」のかもしれない。指導をして中西が改めていけば、無理してでも指導を続けたのかもしれないが、中西は中西で自分の考えを改める気はない。指導されても、聞き流す態度を変えなかった。

「よく、『何も分かってないな』みたいな言い方はされました。嫌味でしょうね。ネチネチとやられましたからね。指導されても私が無視していたから、気にいらなかったんですね、きっと。

型って必要な部分もあるとは思うんですけど、私が学校で経験した型は、あそこまでやるのは、やりすぎだなと感じるものでした。ただ聞くところによると、私の勤務校はまだマシなほうで、もっとすごい学校がたくさんあるようですから、私のように型どおりにやるのが好きではない人間にしてみれば、学校自体が務まらない職場なのかもしれません。

教員って、個性を出せない、個性を出してはいけない職業なのかもしれません。自分の個性を発揮して子どもたちを教えられると思っていたのですが、ここまで個性をだせない場所だというのは驚きでした。従順で、何事にも『はい』と言ってやれる人でないと、務まらない職業なのかもしれません」

学校は「型」でしか動けないのか

しかし、「慣れ」は関係してこないのだろうか。型どおりにやることも、時間が経つにつれて、次第に受け入れられるようになっていかないのだろうか。教員という仕事を続けていくためには、慣れて、周りに合わせていくことも必要なのではないだろうか。

中西の場合は、ずっと教員の仕事に憧れていたはずである。その憧れの職業に就けたのだから、我慢もしないと、せっかく手に入れたものを失うことにもなりかねない。

「もしかすると、慣れで解決できたかもしれません。しかし、それが自分がやりたかったことだったのかと考えると、割り切れないですよね。

あのまま型を押し付けられて、それに逆らって、そのことで非難されつづけることに慣れていけるか考えると、それもちょっと無理な気がしました。いろいろな人と会う機会があって勉強させてもらっていると、子どもたちとかかわれる場は学校以外にもあることも知りましたしね。そういう道もあるのではないかと考えはじめました」

それは、教員を辞めることを指している。型にはめられるのは、授業のやり方だけではなかった。教員生活そのものが型にはめられており、それに従うのが中西にとっては苦痛で仕方なかった。

それを黙って受け入れられず、逆らってしまう。そのことでの風当りも強く、それでいっそう居づらくもなってしまう。

「1年目はやらなければならないことも多かったので、夜の7時くらいまでは残って仕事をしていました。しかし2年目からは、6時に帰ると決めていて、それを実行していました。

周りからは『早いね』と、それも嫌味のように言われるんですが、私に言わせれば『退勤時間の5時半は過ぎてるじゃないか』ということになるんです。みんなが残っているから残っていて当然のような、あの雰囲気もイヤでしたね。型として残業しているようにしか思えなかった」

なぜ毎日のように居残らなければならないのかも、中西には大きな疑問だったという。事務的な処理が多いし、学校内の作業をやらされる分掌も理解できなかった。校内巡回など、そもそも教員がやるべきことなのか理解できないでやらされるものも多かった。それでも決まりだからとやらされることに、納得いかなかったのだ。

「教員の仕事は子どもとかかわることじゃないですか。そういうことに時間を費やすものだと思っていたのに、そうではないことに時間をとられている。納得できなかったですね」

事務的な処理でもアンケートに答えるなど、「必要なのか」と思うものも多かった。子どものために必要なことでも、そのやり方が本当に子ども中心なのか疑問をもつことだらけだった。そこでも優先されるのは、型でしかなかった。

「支援計画を子どもたち一人ひとりについてつくるんですが、年間計画については学年初めに提出させられるんです。赴任した当初は子どもたちについて何も知らないわけですが、それでも計画をつくれ、と言われる。まともに考えればムチャでしかありませんよね。

それでも作成して提出すると、訂正させられる。自分なりに考えぬいて、自信もあって提出しても、書き直しさせられます。自分なりの計画ではダメだからです。従来の形式にしたがって、言葉も決り文句を使わないとダメ出しをされて、何回でも書き直しさせられます。

最終的には、役所の文書そのものの内容になります。自分なりの意気込みとか、独自の計画のようなものが入りこむ余地なんてありません。そんな計画をつくっても、それに従って子どもたちを支援していこうという気にはなりません。

訂正させるほうも、それに従って指導させようという気はないんです。修正させて、決まりどおりの体裁が整えられたら、それを受領して保管する。保管場所から取りだされることのないまま、その支援計画は保管場所で眠ってしまうことになる。

ただ型を整えるだけなんですね。支援計画も子どもの様子を見ながら、支援に生かして役立つ内容のものをつくっていけば、大きな意味があると思いますよ。ところが実際は、そうではなくて、ただ型どおりにやっているだけのことでしかない」

中西が教員を辞めることを考えはじめたのは、2年目の夏のことだった。その夏に、彼は2回目の教員採用試験に落ちてしまった。

「落ちたことも、たしかにきっかけでした。その次の年に、また受験することもできましたが、それで正規採用される保証があるわけでもありません。また次、また次とやっていっても、生産性がないという気がしました。

何度も落ちている人も珍しくはなかったし、50歳を過ぎても非正規教員をやっている方も周りにいましたけど、そういう道は選びたくなかった。

そこまでしても、型ばかり押し付けられる教員という仕事が自分に向いているとは思えなくなったことが大きい理由でしたね。『やりがい』を感じられない仕事を、非正規であれ正規であれ続けていても、まちがいなく病気になると思えましたからね」

それで、中西は教員を辞めた。そして、学校外で問題を抱える子どもたちを支援する仕事を見つけ、その仕事に励んでいる。その中西に、「教員の仕事に復職する気持ちはあるか」とたずねてみた。

「まったくありません。私の考える支援は、子どもたちと向き合いながら支援の仕方を試行錯誤し、それを実践していくことです。子どもを中心にした支援です。型どおりにやることではありません。やはり学校は型を重視して、型どおりにしかやらないところでしかありません。そういう学校に戻る気はまったくありません」

それが、中西の答だった。

13

パワハラ校長と忖度教員のなかで疲弊した

寺脇　正史（仮名）30代男性

赴任前から電話が鳴る

「私が教員を辞めた大きな原因は、校長によるパワハラ（パワーハラスメント）でした。どうも、校長は学歴コンプレックスが根本にあったのではないかという気がしています」

寺脇正史は、国立大学の教育学部を卒業して中学の美術教師になった。その最初の赴任校となる学校の校長から、電話がかかってきた。

「まだ赴任前で、その校長にも会ったことがない。なのに電話がかかってきたんです。正式な赴任前に校長から電話がかかってくるのが普通なのかどうか分かりませんが、私の場合はかかってきた。

よく覚えていないのですが、『君のことは聞いてる。赴任後は校長である自分の言うことをちゃんときくように』といった内容だったと思います。唐突だったこともあるし、内容にも合点がいかない思いがあったので、ちょっと返事に躊躇したんだと思います。即座に『はい』という言葉が口から出てこなかった。

そうしたら、その校長から『お前、俺の言うことが聞けないのか』って、電話口で罵声を浴びせられました。おかしな校長だな、と思いましたね」

赴任した初日、校長室に呼ばれて、また同じようなことを言われた。初対面の校長に、そこまで敵対視される理由が、当時の彼には分からなかった。ただ、後になって思い返してみれば「あれではないか」と思い当たることがないわけではない。

実は寺脇の場合、そのときが正規の教員としては新規採用だったが、その前の2年間ほど非正規として働いていた経験があった。つまり新卒のときには教員採用試験に失敗し、非正規を続けながら再チャレンジをして、合格していたのだ。

「その非正規をやっていたときに、ベテランの教員から睨まれていた気がします。そのことが、校長に伝わっていたんじゃないかと思います。

非常勤で勤めた学校にはベテランの美術教員がいたんですが、彼が学校の役職のほうが忙しくなったので、美術の授業は私がやるということで採用されました。にもかかわらず、やたらと口を出してくるんです。授業はやらないのに、口は挟む。役職で忙しいといいながら、うるさく言ってくるので閉口していました。

たとえば成績についても、『なんでこいつに4をつけるんだ』とか、『こいつには4をつけろ』と言ってきて、私のつけた成績を変えさせようとするんです。授業をやっている私がつけた評価を、授業をやってもいない彼が変えさせるなんて、理不尽ですよね。だから、言われたとおりにやらない。そういうことが続いていました」

その不仲ぶりはそうとうだったようで、教育委員会からも呼び出されて事情を聞かれたこともあったという。ただ寺脇によれば、その教員はベテランだっただけに教育委員会とも親密な関係だったらしい。呼び出した教育委員会の担当者の第一声が、「あの先生（ベテラン教員）と私は親しいんですよ」だったそうなのだ。それだけでも、呼び出した意図が透けて見えてきそうである。「仲のいい教育委員会を使って、自分を従わせようとしたのかもしれない」と、寺脇も言う。

当時の寺脇は若かったせいもあるだろうが、素直に「はい」と答えたり、聞き流すことができなかった。「理由もなく批判してきたり、自分の自慢話ばかりするようなことは教員として問題があるんじゃないですか」と、寺脇は言い返したという。

教育委員会側の心象を悪くしたことは想像に難くない。それ以上に問題が大事になっていくことはなかったが、彼の言い分を認めてもらったわけでもない。

それが、正規採用されて最初の赴任先となる学校の校長の言動につながっているのではないか、と寺脇は想像している。教育委員会からの「申し送り」があったのかもしれない。寺脇は、最初から「問題児」扱いだったわけである。

「その校長は、自分は法律に詳しいから校長にまでなれた、というのが口癖でした。わざわざ言う必要もないし、そんなことを言っても彼が優秀だと誰も認めない。

そんなことを言うのは、結局は、学歴コンプレックスでしかないと思います。彼は私立大学の卒業で、国立大学出身の私には学歴で自慢できない。だから、法律ウンヌンを必要以上に強調していたにすぎないとしか考えられないんですよ」

寺脇によれば、学歴に必要以上にこだわるのが教員の世界なのだという。校長だけでなく、同僚の教員にも寺脇の「国立大学卒業」が必要以上に意識されていたという。

「飲み会の席で、『国立でしょう、私なんか五流大学だよ』なんて、よく先輩教員にからまれましたからね。『勉強しなかったあなたの問題でしょう、からまれても困る』と言い返したい気分でした」

校長にも学歴コンプレックスがあり、それで自分に辛く当たると寺脇は受け取っていた。それが客観的に正しいのかどうかは別としても、当時の彼はそう理解していたし、それは現在でも変わっていない。

「仮採用」でダメ出し

校長がそういう態度だったために校長に従順さを示さなかったためなのか、はたまた学歴コンプレックスのためなのか、校長以外の教員も寺脇に冷たかった。

「私は1年生の担任でしたが、その学年主任が、特に校長にヘイコラする人でした。だから、やたらと私のことを注意するんですが、もう理不尽なことばかりでした。

覚えているのは、校内合唱コンクールの練習で、私が生徒の横にいるのを見つけて『練習中に生徒と話なんかするな』と言ってきたんです。別にムダ話をしていたわけではないので、『何を言ってるんだ』という気持ちで無視していました。そうしたら、『下手にでてれば、いい気になるなよ』って怒鳴られたんです。さも私が悪いことをしたみたいで、不愉快でしたね。

そのコンクールで私のクラスが学年で優勝したんですが、その学年主任に『優勝できました』って言ったんです。そうしたら、いかにも面白くないという態度で返されました。よほど気に食わなかったんでしょうね」

その初任の中学校を、寺脇は1年で辞める。正確に言えば、辞めさせられたのだ。

教員の初任は、いわば「仮採用」で、1年後に本当に採用になるかどうかが決まる。そこで大きな発言権をもつのが初任先の校長で、その評価いかんで本採用になるかどうかが決まる。寺脇は、初任先の校長に「ダメ出し」されてしまったのだ。

「納得いかないので、校長に説明を求めましたよ。そうしたら、『校外でパンを食べながら自転車に乗っていたのを保護者に見られただろう』とか『潮干狩りのときに自分の分しか採ってこなかっただろう』とか、まるで説明になっていない。

潮干狩りの件は、学校行事で潮干狩りに行ったときのことです。校長から『俺の分も採ってこい』と言われていたんですが、そんなことをする理由はないので、採っていかなかった。そのことを根にもっていたらしいですね。本当に幼稚なんですよ」

校長の話に納得できなかった寺脇は、組合にも相談した。組合側でも問題視し、徹底的に戦うべきだ、ということになった。しかし、寺脇は躊躇した。

「組合では訴訟に持ち込むつもりだったようでしたが、そうなると結論が出るまでには長い時間がかかりそうだし、それで教員の身分は保証されても、周りには『訴訟をやった人間』という目で見られることになりますからね。気が進みませんでした」

そして寺脇は、他県で採用試験を受けて合格し、働くことになった。次の勤務先は特別支援学校だった。「この学校はよかった」と寺脇は言う。

「教員同士が相手を認め合う雰囲気のところでした。前の中学校では、上から叩きつけてくるような物言いの教員ばかりでしたが、ここでは、そういうことが一切ありませんでした。校長も代わったりしましたが、前の学校の校長のようにパワハラ的な人はいなかった。どの先生も素晴らしくて、学ぶことも多かった。私も働いていて楽しい学校でした」

それでも、この特別支援学校を彼は去ることになる。トラブルがあったわけでも、寺脇に不満があったわけでもない。

彼が望んでいたのは、中学校での美術教師だったからだ。だから、特別支援学校に勤める前も中学校だったのだ。

校長との関係で辞めてしまったが、もう一度中学の美術教員に復帰したい思いが強かった。理不尽なかたちで辞めさせられたことへのリベンジだったのかもしれない。

それで希望を出していたのが認められ、正式に中学校へと異動することになったというわけだ。ここが特別支援学校のような環境であれば、彼は美術教員として、いまでも活躍していたのかもしれない。しかし、そうはいかなかった。

「勤務が始まって、しばらくしてからのことでした。校長との関係が一気に悪化する事件があったんです」

と、寺脇は言った。赴任する少し前に、あるところで「あいさつ」について教えられたことがあった。それは、あいさつは弟子が師匠に対してするものだという禅の世界での考え方だったという。

それに感銘した彼は、それを実践しようと思った。教室にはいっても、自分から先にあいさつをせずに、生徒からあいさつしてくるのを待った。そういう説明を生徒にしたわけではないそうだから、生徒にしてみれば「横柄な教員」としか映らなかったかもしれない。そのあたりは、もう少し彼にも工夫が必要だったのかもしれない。

「生徒があいさつをしなくなってしまったので、そのことを同僚の教員に話していたんです。

それを校長が聞いていて、いきなり『あいさつとは、どういうもんだ?』と訊いてきたんです。それに私は、『目下の者が目上の者に対して行うものです』と答えました。そうしたら校長が、『そうじゃないだろう』と怒鳴った。怒鳴るタイミングを待っていて、絶好のタイミングをつかまえた、といった感じでしたね。

その校長も私立大学の出身で、国立大出の私を快く思っていない気配が、その前からありましたからね」

そこからは、寺脇に対する校長の態度がどんどん硬化していく。「ゼロからやり直すつもりで勉強し直せ」とも言われました。別の県の中学校や特別支援学校での経験もあったのだが、それは無視する態度でしかなかった。

「それどころか彼は、特別支援学校をバカにしていました。だから、そんなところでの経験なんか役に立たないという態度でした。それも学歴コンプレックスから、私の上に立ちたいがための心理からかもしれませんけどね。特別支援学校で教えていた教員は、自分たちより下だと言わんばかりの対応でした」

「生徒は犬だと思え」

さらに、その校長には美術に対するコンプレックスもあった、と寺脇は言う。小学校か中学校のときに絵を描かされたときに「違うだろう」とひどく怒られたことがあって、それ以来、美術は嫌いになったと、校長が寺脇に語ったことがあるそうだ。それが美術教員を良く思わないことにもなっていたのではないかと、寺脇は想像している。

そして、校長は寺脇を校長室に呼びつけるようになった。ほぼ毎日である。寺脇が授業のないときには、必ず呼び出される。

「それで、教訓みたいなことをしゃべりまくるんです。彼にしてみれば指導のつもりかもしれないけど、もう自分の言っていることは正しいと言わんばかりに、偉そうに上から目線で、私を責めるような口調です。さらに、自分の自慢話も入る。

こちらにしてみれば、訳のわからない話ばかりで、苦痛でしかない。一方的に『お前は悪い』と言われるんですから、拷問に等しい。

そのあたりは校長にも自覚があったらしくて、『こんな話をもう少し続けたらパワハラになるからな』とも言っていました。こちらにとっては、すでにパワハラ以外の何物でもありませんよ」

その校長は体罰を加えることもあったらしい。さすがに教員にではなく、生徒に対してである。そういう具合だから、体罰を許している風潮があった。全員ではなかったが、堂々と体罰をやる教員はいた。

「私のクラスに忘れ物がひどい子がいて、放課後に残して私が話をしていたときがあったんです。そこに別の教員がいきなりはいってきて、その子のことをデコピンしたんです。私の目の前で、私のクラスの子に対して暴力をふるう。唖然としました」

それがきっかけで、その子は不登校になってしまう。あのとき守りきれなかった自分にも責任があるのではと、いまでも寺脇は後悔している。

もちろん、その体罰をくわえた教員に抗議はした。それに対しての教員の答が、いまだに寺脇には忘れられない。忘れられないどころか、いまだに怒りを抑えられないという表情で言った。

「その教員は私に、『生徒は犬だと思え』と言ったんです。犬だから叩いて教え込まないとダメだ、というんです。もう、返す言葉がありませんでしたね。

校長が平気で暴力をふるうような人だから、こうした体罰が許される雰囲気がある。ほかの教員たちも、自分では体罰をくわえなくても、やっている教員のことは見て見ぬ振りでしかない。

そんな学校にしておきながら、朝礼で校長は『イジメはいけません。暴力はいけません』って生徒に言うんですからね。もう、ほとほとイヤになりました」

教員の体罰についてアンケート調査をやったことがあるという。寺脇が個人的にやったわけではなくて、学校としての調査である。そこで、ある部活をやっていた子が、顧問から体罰を受けていると訴えた。

「校長と学年主任が、その子を呼び出して、『そんなことはないよね』と揉み消したという話を聞きました。もちろん、その顧問には一切お咎めなしでした」

そんな校長のもとで働くのと、暴力がまかり通っている環境に嫌気がさして、寺脇は学校を辞めた。赴任から10ヶ月後のことだった。辞めることを校長に告げたとき、校長は引き留めようとはしなかった。それどころか、ただ笑って寺脇の話を聞くばかりだったという。

学校には「パワハラ」を担当している教員がいた。校内のパワハラ防止に努める役割をもった教員である。そのパワハラ担当に、辞める直前に寺脇は相談したことがあった。

「毎日のように呼び出されて説教されて、パワハラだって訴えたんです。そうしたら、その教員が何と言ったと思いますか。『ええーっ、知らなかった』ですよ。

知らないはずはないんです。授業に支障が出るくらい呼び出されていたし、校長室の隣が保健室で、校長が怒鳴る声は保健室にも筒抜けだって保健室の先生が言っていました。それを知らなかった、なんて見え透いてますよ。

そういえば、そのパワハラ担当の口癖が、『小学校からずっと学級委員だった』でした。きっと先生の前では良い子の学級委員だったんでしょうね」

13 パワハラ校長と忖度教員のなかで疲弊した

パワハラの校長と、その校長に忖度して事なかれ主義をとおす教員たち、そういう学校に寺脇は嫌気がさしたようだ。教員に復職する気があるか最後にたずねてみたが、「その気はありません」ときっぱり答えた。

14

セクハラにまきこまれパワハラでやめた

西村 景子（仮名）50代女性

臨採から5年を経ての苦労のスタート

西村景子は、50歳を少し過ぎたところで小学校の教員を辞めた。それには、「不倫」が関係していた。

といっても、彼女自身の不倫ではない。校内不倫の「とばっちり」でパワハラを受けることになり、それで辞職を決断せざるを得なかったのだ。「私は同僚からのイジメも経験しましたけど、あれほどひどいパワハラは初めてでした。『これ以上いたら絶対に身体を壊してしまう』と思ったから辞めました」と、西村は言った。

彼女は最初から正規採用だったわけではなく、臨時採用（臨採）から教員生活をスタートさせている。教員採用試験に落ちたからだ。その臨採を5年間続け、6年目に採用試験に合格して正規採用となった。

「すごく勉強しましたよ。同じくらい高校時代に勉強していたら、もっと良い大学に行けたはずだよ、と親には言われましたけどね。それくらい勉強して、合格したんです」

なぜ、正規採用にこだわったのか。それは、「子どもたちと一緒にいるのが楽しくなったから」だったという。臨採の場合、同じ学校では短期間の勤務が基本になる。産休・育休、または病休などの教員の代わりだと、その教員が復帰してきたら異動しなければならないからで、正規採用の教員が異動してくるまでの一時的なつなぎでしかない。それだけに、同じ子どもたちと一緒にいられる時間は短くなってしまう。本当に楽しむには、やはり時間も必要になってくる。

さらに、西村が臨採をやっていたころは、いまと違って臨採の需要が少なかった。いまは正規採用の1人分の給料で臨採を2人雇うという発想が定着したかのようだ。だからか、臨採が増えている。人件費を抑えるためだ。しかし当時は、それができる仕組みそのものもなかった。

ともかく、臨採の数も少なければ、臨採の仕事そのものが少なかった。臨採のままでいれば、授業できる機会がなくなり、子どもたちといっしょにいられなくなる可能性も高かったのだ。だから必死に勉強して、教員採用試験に合格した。

そんな思いで本採用になって50歳を過ぎても勤めていたというのに、定年を待たずに彼女は辞めることになる。それほどに、ひどいパワハラだったということだ。

「元凶は教頭でした。とにかく威張りたがる人で、『プチ・ヒットラー』と陰では呼ばれていました。気に食わなかったり、自分に従わなかったりする教員には、悪口を言いまくるんです。

本人がいる前だったら本人も反論できるかもしれませんが、本人がいない職員室で悪口のかぎりをつくす。『あいつは根暗で授業は葬式だ』だとか『お調子者で口先だけだ』、『仕事が遅い』といったぐあいです。ほかの先生の悪口を、ずいぶん私も聞かされました。

そうやって悪口を言われた先生のことを、ほかの先生も避けているようでした。仲間と思われて、とばっちりを食うのを避けているようでした。悪口を言われる教員は孤立することになりますから、それが教頭の狙いだったのかもしれませんけどね。

最後には、『誰に付いたらいいか分かるだろうな』が口癖でした。そんな教頭のいる職員室が明るいわけありませんよね。もう、うんざりする雰囲気でした」

あまりの振る舞いに、事務職員が校長に訴えたことがあったという。校長としては立場的に一言いわざるを得ないので、教頭を呼んで何かしら言ったらしい。

それで教頭が大人しくなったかといえば、そんなことはなかった。かえって火に油を注ぐような結果になってしまう。

「そのときは、私も職員室にいて聞いてしまったんですが、校長室から戻ってくるなり教頭が、『あいつ（事務職員）が、オレのことを校長に告げ口した』と頭から湯気を立てて怒りまくっていました。『オレは、あいつに反撃するからな』と怒鳴っていました」

それで教頭が何をやったかといえば、地域の教頭だけで閲覧するメーリングリストがあったのだが、そこでその事務職員について、さんざん悪口を書き込んでいたらしい。その噂が西村の耳にまではいってくるくらいなのだから、よほどにひどく、しつこいものだったと想像できる。

不倫相手を優遇する教頭

西村は、「私のいないところでは、私も悪口を言われていたはずです」と言う。そんな教頭の言動は端から気にいらないし、同調する気にもなれなかったので、それが態度にあらわれていただろうと本人も認める。

教頭に取り入る気も毛頭なかった。だから彼女は、赴任早々からマイペースでとおしていた。

「6時には退勤していました。遅くまで残っている人もいましたけど、私は早く帰ると決めていましたから。教頭には、それも気に食わなかったかもしれませんね」

それもあっただろうが、教頭が西村を気に食わなかった最大の理由は、彼女が音楽の専科教員だったことにあった。

その教頭の不倫相手が、同じ学校にいた。大学のピアノ科を卒業していることが自慢で、音楽専科がいるので音楽の授業はしないのだが、音楽については口出しせずにはいられない人物だったらしい。その女性教員のために、教頭は音楽の専科教員を目の敵にするようなところがあった。

あとで西村が聞かされたところによると、彼女の前任者の音楽専科も、嫌がらせをさんざんうけて、ほとほと嫌気がさして2年で異動願いを出して移っていったのだという。西村は音楽専科としても後釜にはいったが、イジメられ役としても後釜になったことになる。そんなあからさまなことが、学校内でまかりとおるものなのだろうか。

「露骨でしたよ。その女性教員が用事で抜ける授業があると、自分が率先して授業を引き受ける。その女性教員のクラスにだけ、エアコンのスイッチを入れに行く。ほかの教員やクラスのためにも同じことをすればいいのに、その女性教員のためにしかしない。そういうところから、不倫関係はバレバレでした。

その女性教員が、音楽では専科より上に立ちたがるのも有名でしたから、教頭は当然のように、音楽専科を露骨にイジメる。私が従順なタイプで、不倫相手である女性教員の機嫌をとっていればパワハラもなかったのかもしれませんが、私の性格として、それはできなかった」

たとえば、校内の音楽会である。普通ならば音楽専科が中心となって練習などの準備を進めるものだが、件の女性教員は自分がやりたい。しかし、クラス担任なので介入できる部分は少ない。

そこで、教頭が動いた。各クラスごとに準備を進めることにしたのだ。練習指導をクラス担任がやることにしたので、その女性教員にしてみれば大満足というわけである。

ただし、ほかのクラス担任も喜んだかといえば、逆である。ただでさえ忙しいところにもってきて、音楽会の指導もやらなければならなくなって、大迷惑以外の何物でもない。その不満を教頭や女性教員にぶつける勇気はなかったようで、西村に向けてきた。

「出勤の途中で会っても、こちらが挨拶しても、返してこない。それどころか露骨に無視して、そっぽを向いてしまうんです。そういうことがありましたね。

こちらとしては、仕事を放り投げたわけではなくて、仕事をしたいにもかかわらず、取り上げられてしまったんですよ。その事情も分かっているはずなのに、教頭に怒りを向けられないから、こっちに向けてくるわけです。ウンザリでした」

教頭の不倫相手である女性教員は、西村が赴任してきて早々に異常な行動をとってもいた。音楽の授業に必ずといっていいほど、子どもたちと一緒に音楽室にやってくるようになったのだ。

「最初は、音楽の授業での指導が厳しすぎるという声が保護者からあったので立ち会いにきた、と言っていました。それが、本当なのかどうか分かりません。どういう指導が問題にされたのか、具体的にはいっさいありませんでしたからね」

本当に保護者からクレームがあったとすれば、クラス担任として確認するのは当然である。それなら、確認したうえで、「ああいうところは、どうなんでしょう」と相談があってもしかるべきである。それも、なかった。

ただ、毎回のように音楽室にあらわれるのだ。自分が授業しなくていい音楽の時間は、担任としてはほかの仕事をやれる貴重な時間のはずだが、その時間を潰してまでも毎回、現れるのだ。それを教頭も黙認している。

「途中からは、子どもたちの椅子と椅子のあいだに座り込んで、じっと授業を観察しているんです。本人にしてみれば、私から隠れているつもりかもしれませんが、もうバレバレですよ。

もちろん、子どもたちも知っている。そんな格好で担任が教室にいたら、普通に立っていられるより、子どもたちにもプレッシャーだったはずですけどね。それが、彼女の狙いだったのかもしれません。私としては、ただただ気持ち悪い」

そうこうしているうちに、その女性教員のクラスの子どもたちが、西村の指導に従わなくなっていった。そのクラスが学級崩壊していたわけではなくて、音楽教室だけでの「学級崩壊」である。

「きっと、あの女性教員が私の授業について子どもたちに、あれこれ悪口を言っていたんだと思います。それを真に受ければ、子どもたちだって私の言うことなんて聞こうとしませんよ」

それを、西村が確認したわけではない。確認したわけではないが、子どもたちの様子と態度が、どんどん変わっていったのだ。女性教員の影響だとしか、西村には思えなかった。

音楽室は崩壊状態に

極め付きは、卒業式での歌の練習だった。その女性教員のクラスの子たちに指導しているときに、明らかに西村の指導した内容とは違う歌い方をしたのだ。それも、女性教員が西村を無視し、否定する歌い方を指導をしたためだと、西村は思っている。

「違う歌い方を急にされたら、ピアノ伴奏をしているこちらも気になって、伴奏を間違えたり、途中で止まったりしてしまいますよね。そうすると、その子たちが『間違えた！』とか大声で言いながら、私を指さして笑うんですよ」

そこにはクラス担任の女性教員と、もう1人、男性教員がいた。その教員も、子どもたちを注意しない。注意しないばかりか、一緒になって西村をバカにするように笑っているのだ。

さすがに西村も、これにはガマンできなかった。子どもたちに向かって、「そういう態度はおかしいんじゃない。もうちょっと、ちゃんとできないんですか」と言った。

すると、その場にいた男性教員がたじろいだかといえば、そんなことはなかった。少しもひるまず、子どもたちの前で、「それなら言わせてもらいますけど」と言い返してきたのだ。さらに男性教員の言葉は、次のように続いたそうだ。

「先生はピアノを完璧に弾けていましたか」

直前に間違えているのだから、西村が反論できるわけがない。その様子に勢い込んだ男性教員が、大声で西村に詰め寄る。

「ピアノを完璧に弾けない音楽専科が、そんな偉そうなことを言えるんですか。言えませんよね。

なにが先輩ですか。そんな人を私は先輩なんて思いませんよ」

その男性教員は、西村よりもずっと年下だったのだ。これを一対一のときに言われたのではない。子どもたちがいる前で、大声で言われたのだ。男性教員は子どもたちを注意することなどいっさいなくて、西村だけを非難したのである。

実は、この男性教員は教頭の「取り巻き」で、それも側近的な存在だったのだ。教頭の前ではみっともないくらいにヘイコラしているが、ほかの教員に対しては横柄そのものの態度をとる。教頭がバックにいることをいいことに好き放題だった。まさに「虎の威を借る狐」である。

「教頭の気に食わない教員、イジメのターゲットにしている教員に、彼は露骨に上から目線の言い方で、見下した態度をとっていました。大勢の教員がいるなかで、本人に向かって『しゃべり方がおかしい』とかイジメていました。私だけでなく、年上の教員に対する態度も横柄そのものでした」

しかも、卒業式の歌の練習のときには、教頭がその学校の校長に昇進することが決まっていた。本来なら公言してはいけないはずなのだが、内示がでた日から、教頭は職員室で自慢タラタラで大声で話していた。

だから、側近である男性社員の鼻息もなおさら荒くなっていた時期だったのだ。教頭が嫌っている教員を、教頭に代わってとっちめてやるくらいの気持ちだったのかもしれない。教頭の不倫相手である女性教員の前で、点数を稼ごうとでもしていたのだろうか。

いずれにしろ、そんなことが小学校の校内でまかりとおっているとは、学校の外にいると想像もできない。ただ、ただ驚くしかない。しかし、それが西村が直面している現実だった。

とはいっても、公立学校の教員には異動がある。そんな教頭が校長になったとしても、一生、同じ学校にいるわけではない。異動を待てば離れられる。それまでのガマンと思えばいいようにも思えてしまう。それでも、西村は辞めるという選択をした。

「臨採だったら良かったのかもしれませんね。臨採なら1年が普通ですから、さっさと忘れて他校に移れたでしょうね。

でも、正規採用だとそうはいかないんです。こちらから希望を出しても、最低2年は異動させてもらえない。その学校で私は1年目でしたから、最低でも、あと1年はいなければならなかったわけです。

ちょっと、ガマンできない。しょっちゅう頭痛はする状態だったし、職員室に入ると心臓がバクバクして止まらない。そんな状態であと1年いたら、確実に身体を壊すと思いました。しかも、その教頭が校長になることが分かっていましたからね。校長になれば、もっとエスカレートしていくのは目に見えています。最悪ですよ。そんな状態でそんなところに、とても残る気はしませんでした。1年ガマンして2年いたとしても、異動できる保証があるわけでもありませんからね」

その選択を、いまでも西村は後悔していない。

前屋　毅（まえや・つよし）
フリージャーナリスト

1954年、鹿児島県生まれ。法政大学卒業。『週刊ポスト』記者として主に企業取材を担当。その後、フリーに。教育問題と経済問題を主なテーマにしている。

＜著書＞『疑問だらけの幼保無償化』（扶桑社新書）、『学校の面白いを歩いてみた』（エッセンシャル出版）、『教育現場の７大問題』（KK ベストセラーズ）、『ほんとうの教育をとりもどす』（共栄書房）、『ブラック化する学校』（青春新書）、『学校が学習塾にのみこまれる日』（朝日新聞社）、『シェア神話の崩壊』（小学館文庫）、『グローバルスタンダードという妖怪』（小学館文庫）、『日本の小さな大企業』（青春新書）、『洋上の達人－海上保安庁の研究－』（マリン企画）、『ゴーン革命と日産社員』（小学館文庫）など。

教師をやめる

14人の語りから見える学校のリアル

2021年6月14日　初版第１刷発行

著　者　前屋 毅
発行人　花岡 萬之
発行所　学事出版株式会社
〒101-0021
東京都千代田区外神田 2-2-3
📞 03-3255-5471
https://www.gakuji.co.jp/

編集担当　二井 豪
デザイン　三浦 啓史
編集協力　上田 宙（烏有書林）
印刷・製本　電算印刷株式会社

乱丁・落丁本はお取り替えします。

ISBN 978-4-7619-2720-2　C3037　Printed in Japan